Schriftenreihe des Freiburger Instituts für
angewandte Sozialwissenschaft e.V. (FIFAS)

Vorstand: Dr. Baldo Blinkert
 Prof. Dr. Heinrich Popitz
 Bernhard Schraut

Band 4

Jugend-Freizeit und offene Jugendarbeit

Eine empirische Untersuchung zur Unterstützung der Jugendhilfeplanung in Pforzheim

Baldo Blinkert/Peter Höfflin

unter Mitarbeit von
Sybille Hercher

Centaurus Verlag & Media UG 1995

Die Deutsche Bibliothek – CIP-Einheitsaufnahme

Blinkert, Baldo:
Jugend-Freizeit und offene Jugendarbeit : eine empirische
Untersuchung zur Unterstützung der Jugendhilfeplanung in
Pforzheim / Baldo Blinkert ; Peter Höfflin. Unter Mitarb. von
Sybille Hercher. – Pfaffenweiler : Centaurus-Verl.-Ges., 1995
   (Schriftenreihe des Freiburger Instituts für Angewandte
   Sozialwissenschaft e.V. (FIFAS) ; 4)
NE: Höfflin, Peter:; Freiburger Institut für Angewandte
   Sozialwissenschaft: Schriftenreihe des Freiburger ...

ISBN 978-3-8255-0062-7   ISBN 978-3-86226-420-9 (eBook)
DOI 10.1007/978-3-86226-420-9

ISSN 0930-9470

Alle Rechte, insbesondere das Recht der Vervielfältigung und Verbreitung sowie der Übersetzung, vorbehalten. Kein Teil des Werkes darf in irgendeiner Form (durch Fotokopie, Mikrofilm oder ein anderes Verfahren) ohne schriftliche Genehmigung des Verlages reproduziert oder unter Verwendung elektronischer Systeme verarbeitet, vervielfältigt oder verbreitet werden.

© CENTAURUS-Verlagsgesellschaft mit beschränkter Haftung, Pfaffenweiler 1995

Satz: Sybille Hercher

Vorbemerkung der Auftraggeber

Die vorliegende empirische Untersuchung "Jugend - Freizeit und offene Jugendarbeit" des Freiburger Instituts für angewandte Sozialwissenschaft (FIFAS) wurde zur Untestützung der Jugendhilfeplanung erarbeitet.

Eine fachgerechte Planung setzt die Orientierung an den Bedürfnissen der Betroffenen und die Analyse der gegenwärtigen Situation voraus. Darüber hinaus stellt die Beteiligung Betroffener ein wesentliches Element sachgerechter Planung dar. Da nicht alle Jugendlichen aus Pforzheim an den Planungsprozeßen beteiligt werden können, wurde ein breites Spektrum der Bedürfnisse von Jugendlichen durch eine repräsentative Umfrage in Pforzheim erhoben.
Die Bedeutung der Untersuchung geht über einen reinen Planungszusammenhang hinaus.

Die Erkenntnisse zu den Freizeitinteressen und -bedürfnissen der jungen Menschen bieten Anhaltspunkte und Anregungen zur Angebotsgestaltung für Jugendfreizeitstätten, Vereine und Verbände, die sich in der Jugendarbeit engagieren. Ergebnisse zu den Lebenslagen junger Menschen in Pforzheim werden aufgezeigt und ergänzen eine Sozialraumanalyse, die ebenso wichtige Voraussetzungen zur Gestaltung des bedarfsgerechten Angebotes der Jugendhilfe ist. Auch für die Gewichtung von Prioritäten im finanzwirtschaftlichen Kontext hat diese Untersuchung eine kommunale Bedeutung.

Nicht zuletzt ist durch die vorgelegte Arbeit die Erfassung der Veränderung von Lebenslagen, Einstellungen und Bedürfnissen junger Menschen zwischen 1979 und 1994 möglich und läßt bedingt auch Entwicklungsprognosen zu.

Unser besonderer Dank gilt den Pforzheimer Jugendlichen, die durch ihre Offenheit in den Interviews die Untersuchung ermöglich haben.

Den Menschen, die mit engagiertem Einsatz die Interviews mit den Jugendlichen durchgeführt haben, danken wir ebenso wie den Trägern und Mitarbeiterinnen und Mitarbeitern der Pforzheimer Jugendfreizeitstätten, die mit vielen wichtigen Anregungen an der Erstellung der Fragestellungen mitgewirkt haben.
Dem Freiburger Institut für angewandte Sozialwissenschaft (FIFAS) danken wir an dieser Stelle insbesondere für die intensive und engagierte Arbeit, deren Ergebnisse eine wichtige und interessante Grundlage für die Jugendhilfeplanung darstellen.

Manfred Becker	Sabine Happel-Tominski
Amtsleiter	Jugendhilfeplanerin

Vorwort

Wie so oft, fing auch diese Untersuchung mit einer "bescheidenen" Fragestellung an: Es sollte "nur" eine 1979 in Pforzheim durchgeführte Studie wiederholt und aktualisiert werden. Dabei blieb es jedoch nicht. Die Ergebnisse erwiesen sich als so interessant, daß es uns wichtig erschien, sie auch in einer allgemeineren Weise zu kommentieren und einen etwas ausführlicheren Forschungsbericht zu schreiben. Wir hoffen, daß die Leser das nicht nur als Last empfinden.

Bei der Stadt Pforzheim bedanken wir uns, daß wir diese Untersuchung durchführen konnten. Besonders erwähnen möchten wir das Engagement von Frau Happel-Tominski, die als Jugendhilfeplanerin wichtige Anregungen gegeben hat und die auch dafür gesorgt hat, daß die Erhebungsarbeiten erfolgreich durchgeführt wurden. Danken möchten wir auch dem Leiter des Amtes für Jugend und Familie, Herrn Becker, der sich für die Realisierung dieser Studie eingesetzt hat. Wichtige Anregungen ergaben sich auch aus einem Gespräch mit Mitarbeitern und Mitarbeiterinnen Pforzheimer Jugendeinrichtungen. Die in diesem Kreis entwickelten Vorschläge wurden soweit wie möglich bei der Konzeption des Interviews berücksichtigt.

Im Rahmen eines Projektseminars an der Universität Freiburg wurde diese Untersuchung in das Lehrangebot des Faches Soziologie eingebunden. Auf diese Weise ergaben sich wichtige und anregende Möglichkeiten, die Ergebnisse dieser Studie zu diskutieren. Wir bedanken uns bei den Studentinnen und Studenten für die engagierte Mitarbeit und die hartnäckige und oft auch berechtigte Kritik.

Der Forschungsbericht (Teil A) wurde von Baldo Blinkert und Peter Höfflin verfaßt. Sybille Hercher hat den Teil B erarbeitet und wesentlichen Anteil an der Durchführung der Auswertung und an der redaktionellen Überarbeitung des Berichtes.

Ganz besonderen Dank schulden wir den Pforzheimer Jugendlichen, die zu einem Interview bereit waren. Wir hoffen, daß diese Untersuchung einen Beitrag zur Verbesserung der Lebensqualität in dieser wichtigen Altersphase leistet. In einem Punkt sind wir sicher, daß die Untersuchung etwas Positives bewirkt: Sie wird dazu beitragen, einige der sehr populären aber falschen Stereotype über "die" Jugendlichen zu korrigieren.

Freiburg, im Februar 1995   Dr. Baldo Blinkert, Diplomsoziologe
                Peter Höfflin, Soziologe (MA)

Inhaltsverzeichnis

I. Einleitung: Fragestellung und Methoden der Pforzheimer Jugendstudie   1

TEIL A
Kommentierter Ergebnisbericht

II. Die soziale Situation von Jugendlichen in Pforzheim   15

III. Freizeitressourcen von Jugendlichen   22
    1. Zeit als Freizeitressource   22
    2. Geld als Freizeitressource   25
    3. Räume als Freizeitressourcen   28
       3.1 Die eigene Wohnung: Binnenräume als Freizeitressourcen   29
       3.2 Außenräume als Freizeitressourcen - Aktionsräume   32
    4. Kontakte zu Gleichaltrigen als Freizeitressourcen   40
    5. Mitgliedschaften in Organisationen als Freizeitressourcen   46
    6. Freiheiten als Freizeitressourcen   49

IV. Eine erste Zwischenbilanz: Lebenssituation von Jugendlichen - soziale und jugendkulturelle Privilegien   52

V. Freizeitbeschäftigungen und Freizeitinteressen von Jugendlichen   62
    1. Anmerkungen zur Methode   62
    2. Ergebnisse: Was tun Pforzheimer Jugendliche in ihrer Freizeit?   64
    3. Umstände des Freizeitverhaltens: Partner - Gibt es auch Langeweile?   77
       3.1 Mit wem verbringen Jugendliche ihre Freizeit?   77
       3.2 Ist Freizeit auch mit Langeweile verbunden?   78
    4. "Blockierte Wünsche" - Gibt es etwas, was Jugendliche in Pforzheim gerne tun möchten, aber nicht tun können?   79

VI. Eine zweite Zwischenbilanz: Jugendkulturelle Orientierungstypen   84

VII. Angebote für Jugendliche   103
    1. "Was fehlt?" und "Wo ist was los?"   103
    2. Die Jugendzentren und Jugendtreffs   107
       2.1 Wer besucht die Pforzheimer Jugendzentren?   107
       2.2 Bekanntheit der Jugendzentren und Treffs   110
       2.3 Die Besucherstruktur Pforzheimer Jugendtreffs   112

    2.4   Welche Gründe geben Jugendliche an, die "nie in
            einen Jugendtreff gehen"?   116
    2.5   Was gefällt an den Jugendzentren und was gefällt
            nicht?   117
3. Hilfe und Beratung für Jugendliche   121
    3.1   Wo holen sich Jugendliche Rat und Hilfe?   121
    3.2   Die Bekanntheit und Nutzung von Beratungsstellen   125
4. Urlaubsreisen und Ferienpaß   131
    4.1   Urlaubsverhalten und Urlaubswünsche   132
    4.2   Der Pforzheimer Ferienpaß für Kinder und Jugendliche   136
5. Geschlechtsspezifische Angebote   138

VIII   Eine "Schlußbilanz": Ressourcen von Jugendlichen - jugendkulturelle Orientierungen - Bekanntheit und Nutzung von Angeboten der offenen Jugendarbeit   141

IX.   Schlußbetrachtung   147
1. Wie stimmig sind die in der Öffentlichkeit verbreiteten   147
    Vorstellungen von Jugend?   153
2. Antworten auf offene Fragen   158
3. Was hat sich gegenüber 1979 verändert?   159
4. Jugendeinrichtungen und Angebote

Literaturverzeichnis   164

TEIL B[1]
Auszählung für alle Erhebungsmerkmale

Anhang
1 Fragebogen
2 Dokumentation "Jugendzentren in Pforzheim"

---

[1] Der Teil B sowie der Anhang sind gegen die Erstattung der Kopierkosten erhältlich bei: *FIFAS* Wannerstraße 33 79106 Freiburg Telefon: 0761/288364 Fax: 0761/2033493.

I. Einleitung: Fragestellung und Methoden der Pforzheimer Jugendstudie[2]

Das Freiburger Institut für angewandte Sozialwissenschaft (FIFAS) hat von der Stadt Pforzheim den Auftrag übernommen, eine Untersuchung über die Situation von Jugendlichen durchzuführen. Die Vorbereitungsarbeiten zu dieser Studie wurden im April 1994 aufgenommen. Der Abschlußbericht wurde im Februar 1995 vorgelegt.

Fragestellung

Die in Pforzheim durchgeführte Untersuchung ist keine Studie, die über die "gesamte Situation" von Jugendlichen informieren kann. Dazu fehlen wichtige Bereiche, auf die wir in dieser Untersuchung nicht eingehen konnten. Dazu gehört natürlich der ganze Bereich der psycho-sexuellen Entwicklung - alles, was mit "Pubertät" zusammenhängt. Aber auch das sehr wichtige Thema der Abgrenzung und Loslösung von den Eltern konnte hier nur am Rande berücksichtigt werden. Auch auf Probleme, die mit der Berufswahl zusammenhängen, konnten wir im Rahmen dieser Studie nicht eingehen.

Der Untersuchung liegt eine praxisbezogene Fragestellung zugrunde. Die Ergebnisse sollen in die laufende Jugendhilfeplanung einbezogen werden. Das Thema der Untersuchung wurde weitgehend von der Auftraggeberin vorgegeben. Im Vordergrund sollten die folgenden Fragen stehen:

---

[2] An dieser Stelle möchten wir eine Anmerkung zur **Sprachform** von Pluralbegriffen wie z.B. Pforzheimer, Bürger, Pädagogen, Nutzer, Besucher usw. machen. Es ist heute üblich, für solche Begriffe auch immer die weibliche Form zu verwenden. Dabei können Sätze wie der folgende entstehen: "Der Altersunterschied zwischen Nutzern und Nutzerinnen und Nichtnutzern und Nichtnutzerinnen ist sehr gering." Solche Sätze sind nicht nur mißverständlich. Sie sind auch nicht mehr sprechbar. Das gleiche gilt für die Verwendung des großen i (NutzerInnen). Eine Sprache muß sprechbar bleiben, auch in einem geschriebenen Text. Wenn wir diese Regel nicht beachten, wird sich unsere Sprache immer mehr zu einer Amtssprache entwickeln und öffentliche Diskurse werden über Formulare ausgetragen. Dennoch ist das Anliegen, das hinter diesen Bemühungen um eine Entmaskulinisierung der Sprache steht verständlich und auch berechtigt. Was ist also zu tun? Durch die Feminisierung von Begriffen werden nur Zeichen verändert. Wichtig und gesellschaftspolitisch bedeutsam ist dagegen die Änderung der Semantik. Wir erklären deshalb ausdrücklich, daß Begriffe wie Pforzheimer, Nutzer oder Besucher sowohl Männer wie auch Frauen umfassen. Wenn es der Schreibfluß ermöglicht, werden wir auch feminine Pluralformen verwenden, aber wir werden das nicht dauernd tun. Wir bitten alle Leser, vor allem die Leserinnen, um Verständnis für unseren Vorschlag.

* Was für Freizeitinteressen haben Jugendliche? Was tun Jugendliche in ihrer Freizeit?
* Wie gut sind die Angebote der Jugendarbeit den Jugendlichen bekannt und wie werden sie von den Jugendlichen genutzt?

Die Untersuchung sollte so weit wie möglich eine 1979 in Pforzheim durchgeführte Studie zum gleichen Thema replizieren. Aus methodischen und inhaltlichen Gründen wurde der damals verwendete Fragebogen nicht unwesentlich verändert. Es erschien uns vor allem zweckmäßig, neben den geschlossenen und standardisierten Fragen eine größere Zahl von offenen Fragen aufzunehmen. Einiges mußte geändert werden, weil sich die Situation von Jugendlichen verändert hat. Verschiedene Fragestellungen erwiesen sich aus heutiger Sicht als nicht mehr so wichtig, andere Themenbereiche wurden dagegen neu aufgenommen. Ein direkter Vergleich mit Ergebnissen der 79er Studie ist deshalb nur punktuell möglich.

Die Untersuchung wurde jedoch so angelegt, daß zumindest im Hinblick auf einige Sachverhalte ein Vergleich mit der Shell-Jugendstudie von 1991 möglich ist. Diese Untersuchung bezieht sich auf eine repräsentative Stichprobe von Jugendlichen aus dem gesamten Bundesgebiet. Wir haben uns den Datensatz dieser Studie besorgt und eine Sekundärauswertung für Merkmale durchgeführt, die auch in der Pforzheimer Untersuchung erhoben wurden. Unsere Vergleiche beschränken wir auf Jugendliche, die in den alten Bundesländern leben und genauso alt sind wie die Jugendlichen der Pforzheimer Studie (12 bis 18 Jahre).

Die Fragestellung zu dieser Untersuchung wurde mit der Jugendhilfeplanerin - Frau Happel-Tominski - und mit dem Leiter des Amtes für Jugend und Familie - Herrn Becker - in mehreren Gesprächen präzisiert. In Pforzheim wurde ein Entwurf des Fragebogens in einer Arbeitsgruppe diskutiert, an der auch Vertreter von Einrichtungen der Jugendhilfe beteiligt waren. Die Ergebnisse dieser Beratungen fanden Eingang in den endgültigen Fragebogen.

Wichtig für die endgültige Festlegung der Fragestellung war auch, daß das Interview nicht länger als 20 bis 30 Minuten dauern sollte. Eine solche Begrenzung ergab sich nicht nur aus dem Finanzrahmen der Pforzheimer Studie. Sie war auch aus methodischen Gründen sinnvoll. Bei Interviews, die über den anvisierten Zeitrahmen hinausgehen, ist mit massiven Ermüdungserscheinungen und zunehmendem Desinteresse zu rechnen und als Folge davon mit negativen Auswirkungen auf die Gültigkeit der Ergebnisse. Bei der Datenerhebung mußte also aufgrund dieser notwendigen und sinnvollen Einschränkung der Interviewzeit auf die Erfassung von Merkmalen verzichtet werden, die im Prinzip sicher wichtig und interessant gewesen wären.

Um die Situation von Jugendlichen in einer Region wie der Stadt Pforzheim auf breiterer Basis zu beschreiben, wäre ein Studie ertragreich gewesen, die statistische Sekundäranalysen mit Umfragen, biographischen Verlaufstudien, ethnographischen Milieubeschreibungen und teilnehmenden Beobachtungen verbindet. Ein solches Forschungsdesign dürfte jedoch jenseits aller Möglichkeiten einer von Kommunen getragenen Jugendforschung liegen und müßte als Grundlagenforschung überregional initiiert und finanziell getragen werden.

In methodischer Hinsicht greift die Pforzheimer Untersuchung Anregungen aus verschiedenen Ansätzen auf, ohne einem dieser Ansätze durchgängig verpflichtet zu sein. Sie knüpft einerseits an den demoskopischen Surveys der 50er und 60er Jahre an[3], bietet den Jugendlichen aber sehr viel mehr Möglichkeiten, ihre eigene Sichtweise und ihren Wahrnehmungsstil einzubringen. Das wurde dadurch erreicht, daß es im Interview immer wieder offene Fragen gibt, die von den Jugendlichen völlig ohne Vorgaben im Sinne ihrer Perspektive beantwortet werden konnten. Auch Anregungen aus ökologisch orientierten Lebensweltanalysen wurden aufgegriffen, allerdings war es nicht möglich, ethnographische Beschreibungen von Wohngegenden, Treffpunkten, Szenen und Cliquen durchzuführen.[4]

Grundgesamtheit - Stichprobe

Die Auftraggeberin war an einer Untersuchung interessiert, die ein repräsentatives Bild von der Situation Jugendlicher im Alter von 12 bis unter 18 Jahren in Pforzheim ermöglicht. Es ging also nicht um die Erforschung von Jugendlichen, auf die sich in irgendeiner Weise das besondere Interesse von Einrichtungen der Jugendhilfe konzentriert. Die Untersuchung sollte so angelegt sein, daß generalisierende Aussagen über die Situation aller Jugendlicher im Stadtgebiet möglich sind.

Unter diesem Gesichtspunkt und unter Beachtung des Finanzrahmens wurde von uns eine Zufallsstichprobe im Umfang von 600 Fällen vorgeschlagen. Bei diesem Stichprobenumfang hält sich der statistische Schätzfehler in Grenzen. Das Vertrauensintervall bei einer Sicherheit von 95 Prozent für Prozentwerte liegt bei

---

[3] Vgl. Helmut Schelsky, Die skeptische Generation, Düsseldorf 1957; Viggo Blücher, Jugend, Bildung und Freizeit, Bielefeld 1966

[4] Vgl. dazu Helmut Becker, Jörg Eigenbrodt, Michael May: Pfadfinderheim, Teestube, Straßenleben, Frankfurt 1984

dieser Stichprobengröße bei +/- vier Prozent. Die Stichprobe hat auch eine ausreichende Größe, um Ergebnisse in mindestens dreidimensionalen Tabellen darstellen zu können.
Die bei Abschluß der Erhebungsarbeiten erreichte Stichprobe hat einen Umfang von 591 Personen. Sie beruht auf einer Zufallsauswahl aus dem amtlichen Melderegister durch das regionale Rechenzentrum.
Von den angesprochenen Jugendlichen haben 55 Prozent an der Befragung teilgenommen. Die Ausfallquote von 45 Prozent (= 481 Jugendliche) liegt in einer Größenordnung wie bei anderen vergleichbaren Studien. Es ist möglich, daß ohne die aus datenschutzrechtlichen Gründen erforderliche Zustimmung der Eltern die Verweigerungsquote etwas niedriger gewesen wäre. Für die Verweigerung gab es die folgenden Gründe (100 Prozent = 481 Jugendliche, die angesprochen wurden und nicht teilgenommen haben):

* 45 % keine Teilnahmebereitschaft beim Jugendlichen
* 23 % Eltern erteilen keine Zustimmung
* 14 % nach mehrmaligem Versuch nicht angetroffen
* 12 % Adresse stimmt nicht
* 4 % Eltern und Jugendlicher sind nicht zur Teilnahme bereit
* 3 % Gründe nicht zu ermitteln

Rund 70 Prozent der Verweigerungen (keine Teilnahmebereitschaft bei Eltern und/oder Jugendlichen) geben Anlaß zu der Frage, ob die Stichprobe wirklich in der Lage ist, die Situation aller Jugendlichen angemessen zu repräsentieren. Wir wissen nichts über die soziale Zusammensetzung dieser Verweigerer und können nur Vermutungen darüber anstellen, welche Selektionseffekte wirksam waren. Nach Erfahrungen in anderen Untersuchungen ist der Anteil der Nichtteilnahmebereiten in zwei Bevölkerungsbereichen besonders hoch: Zum einen im Bereich der sogenannten Randgruppen und zum anderen in Bevölkerungskreisen mit weit überdurchschnittlichem Sozialstatus. Wir haben keine Anhaltspunkte dafür, ob diese Effekte auch bei der Pforzheimer Jugendstudie wirksam waren. Es ist aber sicher ratsam, diese Möglichkeit bei der Interpretation der Ergebnisse im Auge zu behalten. Mit Schätzfehlern ist am ehesten zu rechnen, wenn Verteilungskennziffern (Prozentanteile, Mittelwerte) von der Stichprobe auf die Gesamtheit übertragen werden sollen. Hier sollte der durch den statistischen Schätzfehler markierte Bereich noch etwas erweitert werden, wenn man auf Nummer Sicher gehen will. Die dabei entstehenden Ungenauigkeiten sind durchaus tolerierbar, da sich durch eine Untersuchung wie diese für bestimmte Phänomene - z.B. "Gewaltbereitschaft" - ohnehin nur Größenordnungen bestimmen lassen. Mit sehr viel weniger Problemen ist zu rechnen, wenn die Beziehung zwischen Merkmalen im Vordergrund des Interesses steht. Hier wirken sich gruppenspezifische Verweigerungsquoten sehr viel weniger aus.

Wo ein Vergleich der Stichprobe mit der amtlichen Statistik möglich ist, zeigt sich ein sehr hohes Maß an Übereinstimmung:
* Die Anteile von Mädchen und Jungen entsprechen nahezu vollständig den Anteilen in der altersgleichen Bevölkerung.
* Die Anteile der Altersgruppen von 12 bis 17 Jahre stimmen fast völlig mit den Anteilen in der Pforzheimer Bevölkerung überein. Nur die 14jährigen sind etwas überrepräsentiert (plus drei Prozent); die 16jährigen sind leicht unterrepräsentiert (minus zwei Prozent).
* Nicht repräsentativ vertreten sind jedoch die 18jährigen. Der Grund dafür ist ein nachträglich nicht korrigierbarer Fehler bei der Auswahl: Alle Jugendlichen, die in der zweiten Hälfte des Jahres 1975 geboren wurden, sind nicht berücksichtigt.
* Die einzelnen Stadtgebiete sind in der Stichprobe annähernd so vertreten, wie in der altersgleichen Gesamtbevölkerung.
* Der Anteil der ausländischen Jugendlichen ist in der Stichprobe geringfügig niedriger als in der Gesamtheit (22 Prozent gegenüber 24 Prozent).

Im Hinblick auf die Merkmale Alter, Geschlecht, Nationalität und Stadtgebiet kann die Stichprobe als repräsentativ für die 12- bis unter 18jährigen betrachtet werden. Aussagen über die 18jährigen sind nur mit Einschränkungen möglich. Es bestehen jedoch keine Bedenken, die Gruppe der 18jährigen bei Altersvergleichen zu berücksichtigen.

Die folgende Tabelle enthält die demographischen Grunddaten für die Gesamtheit der 12- bis 18jährigen in Pforzheim und die entsprechenden Daten für die Stichprobe. Die Grunddaten für die Gesamtheit sind wichtig, wenn auf der Basis unserer Ergebnisse die Größenordnungen für das Stadtgebiet geschätzt werden sollen. Diese Größenordnungen lassen sich aufgrund der im Text berichteten Anteilsziffern in Verbindung mit diesen Grunddaten unschwer ermitteln.

Tabelle 1: Demographische Daten für die 12- bis 18jährigen Jugendlichen

	Pforzheim Stadtgebiet		Stichprobe
	Anzahl	Prozent	Prozent
Gesamtbevölkerung der 12- bis 18jährigen	7940	100	7.4
Geschlecht			
Mädchen	3972	50	48
Jungen	3968	50	52
Altersklassen			
12 und 13 Jahre	2432	30.5	31
14 und 15 Jahre	2129	27	32
16 bis 18 Jahre	3379	42.5	37
Staatsangehörigkeit			
deutsch	6067	76	78
andere	1873	24	22
Wohnbezirke			
Oststadt	574	7	6
Innenstadt/Weststadt	536	7	7
Südweststadt	726	9	9
Südoststadt/Au	481	12	7
Buckenberg/Haidach	1312	16.5	16
Nordstadt	1382	17.5	15
Brötzingen/Arlinger	803	10	10
Dillweißenstein/Sonnenhof	619	7	10
Würm/Hohenwart/Huchenfeld	585	7	7
Büchenbronn/Sonnenfeld	402	5	5
Eutingen	530	6	6

Stand für die Pforzheimer Bevölkerungsdaten: 30.6.1994

Datenerhebung

In der Zeit vom 18.6. bis 8.7.1994 und in einer zweiten Welle vom 12. bis zum 23.9.1994 wurde bei den ausgewählten Jugendlichen eine mündliche Befragung durchgeführt. Die Organisation der Datenerhebung wurde vom Amt für Jugend und Familie übernommen. Die Koordination erfolgte durch Frau Happel-Tominski. Die Interviewer wurden durch FIFAS auf ihre Tätigkeit vorbereitet. Interviewer und Interviewerinnen waren größtenteils Schüler und Studierende und nicht sehr viel älter als die befragten Jugendlichen. Die Jugendlichen und ihre Eltern wurden vorher in einem Schreiben des Sozialdezernenten um ihre Teilnahme gebeten. Es wurde auf die Anonymität der Auswertung hingewiesen und auf die große Bedeutung dieser Untersuchung für die Jugendhilfeplanung. Die Interviewer waren angewiesen, bei minderjährigen Befragten vor der Befragung die Zustimmung der Eltern einzuholen.

Als Vorlage für das Interview (Anlage 1) diente eine erheblich überarbeitete Version des 1979 verwendeten Fragebogens. Das Interview enthält
* Fragen zur sozialen Situation der Jugendlichen (u.a. Alter, Geschlecht, Ausbildung, Wohnsituation, Berufstätigkeit der Eltern),
* Fragen zum Freizeitbereich (u.a. verfügbare freie Zeit, Umfang des Taschengeldes, Mitgliedschaft in Vereinen, Interessen, häufige Freizeitbeschäftigungen, Freizeitpartner und -orte, Ausgehregelungen, Kontakte mit Gleichaltrigen),
* Fragen zur Bekanntheit und zur Nutzung von Angeboten.

Bei der Konzeption des Interviews wurde darauf Wert gelegt, daß die Fragen so weit wie möglich zu thematisch zusammenhängenden Komplexen organisiert sind. Wichtig erschien es uns, möglichst viele Fragebereiche durch offene Fragen abzudecken. Nach unseren Erfahrungen eignen sich offene Fragen besonders gut, um subjektive Standpunkte und Interessenlagen zu erfassen. Geschlossene Fragen - also Fragen mit Antwortvorgaben - legen immer schon eine bestimmte Antwortrichtung fest und können im Grenzfall sogar zu methodischen Artefakten führen. Das Prinzip der offenen Frage war allerdings nicht durchgängig realisierbar. Vergleiche mit der 79er Studie wären dann nicht mehr möglich gewesen. Das Interview wäre auch viel zu lang geworden, bzw. der Themenbereich hätte radikal eingegrenzt werden müssen. Für einige Themen haben wir auch offene mit geschlossenen Fragen kombiniert. In solchen Fällen wurde zuerst die offene Frage gestellt und dann die geschlossene.

Grundsätzlich gilt, daß ein offenes Interview sehr viel höhere Anforderungen an die Interviewer stellt und auch bei der Auswertung mit einem erheblich höheren

Aufwand verbunden ist.

Die Interviewtätigkeit wurde protokolliert. Über das Interviewgeschehen haben wir die folgenden Informationen:

* Ein Interview dauerte im Durchschnitt ca. 30 Minuten. Zwei Drittel der Interviews lagen in der Zeitspanne von 20 bis 40 Minuten. Das kürzeste Interview dauerte 15 Minuten, das längste 100 Minuten.
* 90 Prozent der Interviews fanden in der Wohnung des/der Befragten statt und 10 Prozent außerhalb.
* Bei 55 Prozent der Interviews war außer dem Interviewpartner niemand mehr anwesend. Bei rund 30 Prozent der Gespräche waren Eltern oder ein anderer Erwachsener dabei.
* In 82 Prozent der Fälle konnte das Interview konzentriert und flüssig durchgeführt werden. Bei sechs Prozent der Gespräche hatten die Interviewer den Eindruck, daß das Interview zu lang war. Für sieben Prozent wird berichtet, daß etliche Fragen nicht verstanden wurden oder unpassend waren. Nur bei zwei Prozent der Interviews hatten die Interviewer den Eindruck, daß der/die Befragte die Sache nicht ernst nimmt.

Auswertung - Bericht

Der Bericht über die Pforzheimer Jugendstudie ist in zwei Teile gegliedert. Der Teil A ist ein strukturierter und kommentierter Ergebnisbericht. Der Teil B ist eine Auszählung für alle erhobenen Merkmale.

Der **Teil A** enthält die folgenden Kapitel:

II. **Soziale Situation von Jugendlichen** - Berichtet wird über die Merkmale Alter und Geschlecht, Staatsangehörigkeit, Familiensituation, Ausbildung und soziale Herkunft. Besonderes Augenmerk wird auf die Frage gerichtet, von welchen Bedingungen die Startchancen von Jugendlichen abhängen.
  In allen weiteren Kapiteln werden die dargestellen Merkmale und Verhältnisse routinemäßig mit den Merkmalen der sozialen Situation von Jugendlichen in Verbindung gebracht.

III. **Freizeitressourcen** - Als wichtige Freizeitressourcen betrachten wir Zeit, Geld, Räume, Kontakte, Mitgliedschaften und Freiheiten.

IV. **Erste Zwischenbilanz** - Lebenssituation von Jugendlichen: "soziales und jugendkulturelles Kapital".

V. **Freizeitaktivitäten und -interessen** - Was tun Pforzheimer Jugendliche in ihrer Freizeit besonders häufig? Was würden sie gerne mehr tun, wenn die Möglichkeit dazu bestünde?

VI. **Zweite Zwischenbilanz** - Lassen sich in Pforzheim "jugendkulturelle Orientierungen" nachweisen, die auch in anderen Untersuchungen beschrieben werden?

VII. **Bekanntheitsgrad und Nutzung von Angeboten der Jugendarbeit** - Wie bekannt sind die Beratungsangebote, die Jugendzentren und -treffs und das Ferienprogramm? Wie werden sie genutzt?

VIII. **Schlußbilanz** - soziales und jugendkulturelles Kapital, Orientierungstypen, Bekanntheit und Nutzung von Angeboten der offenen Jugendarbeit.

Ein Forschungsbericht sollte nicht nur genau und differenziert einzelne Ergebnisse berichten - das ist gewissermaßen die "Pflicht". Er sollte auch ein Angebot zur Strukturierung enthalten: Vorschläge zur Konzentration, einen roten Faden (die "Kür"). Das ist bei einer Auftragsforschung nicht immer ganz leicht, weil eine solche Strukturierung oft erst nachträglich erfolgen muß. Wir schlagen für die Pforzheimer Jugendstudie eine Strukturierung unter zwei Gesichtspunkten vor:

In **Kapitel IV** werden in einer "ersten Zwischenbilanz" die Ressourcen von Jugendlichen zusammenfassend dargestellt. Der Begriff "soziales Kapital" dient zur Bündelung von Bedingungen, die für die sozialen Startchancen von Jugendlichen wichtig sind: Ausbildung, soziale Position der Eltern und nationale bzw. ethnische Zugehörigkeit. Der Begriff "jugendkulturelles Kapital" faßt Bedingungen zusammen, die für die Verwirklichung von Freizeitinteressen wichtig sind: Zeit, Geld, Kontakte und Freiheiten.

In **Kapitel VI** werden in einer "zweiten Zwischenbilanz" verschiedene Informationen über die Freizeitaktivitäten und -interessen zusammengefaßt. Dazu entwickeln wir fünf Skalen, mit denen sich die folgenden Orientierungen beschreiben lassen: institutionell-integrierte Orientierung, hedonistische Orientierung, kritisch-engagierte Orientierung, Actionorientierung und Medienorientierung. Es wird dann gezeigt, welche Beziehungen zwischen diesen Orientierungen und dem "jugendkulturellen Kapital" und dem "sozialen Kapital" bestehen.

In **Kapitel VIII** - in der "Schlußbilanz" - werden die zur Konzentration vorgeschlagenen Konzepte mit der praxisnahen Fragestellung dieser Untersuchung nach der Bekanntheit und Nutzung von Angeboten der offenen Jugendarbeit in Beziehung gesetzt. Daraus ergeben sich einige interessante Einsichten vor allem zu der Frage, was denn die tatsächlich erreichten Zielgruppen der Angebote sind.

Unsere Argumentationskette (der "rote Faden") sieht also ungefähr so aus (Abb. 1):

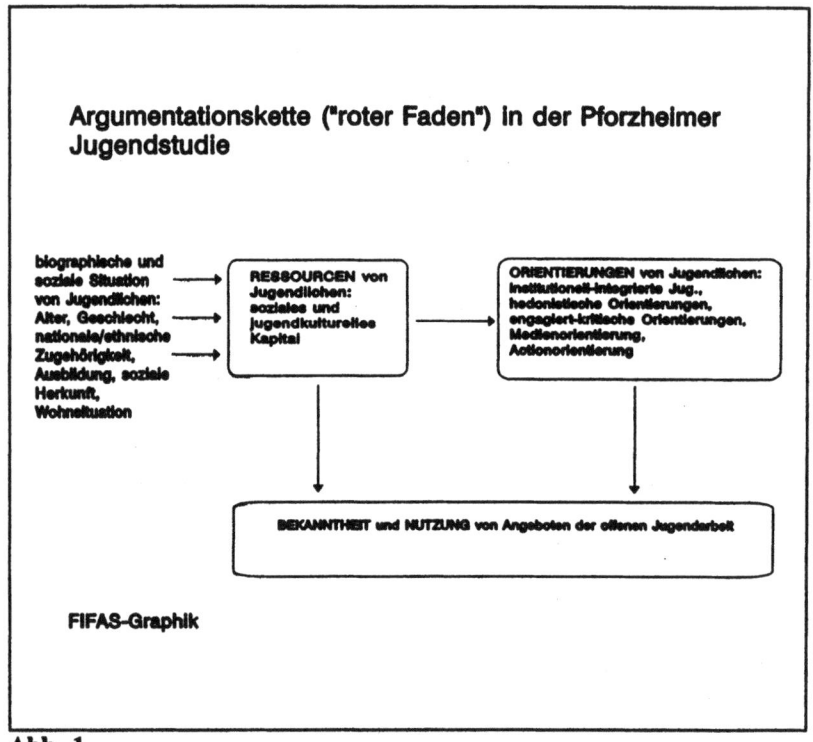

Abb. 1

Ob dieser Versuch zur Strukturierung und Konzentration erfolgreich war, läßt sich u.a. auch daran erkennen, ob er die Phantasie und Kreativität der Praktiker und Planer anregen kann, ob er zu Kontroversen herausfordert und vielleicht sogar zur Entstehung neuer Ideen für die Praxis beiträgt. Wir hoffen das alles natürlich sehr.

Die Auswertungen wurden so durchgeführt, daß Antworten auf einige offene und wichtige Fragen gegeben werden können. Dazu zählen insbesondere:

1. Die Frage nach der **Situation von Mädchen**:
   In der Jugendsoziologie geht man von einer zunehmenden "Destandardisierung"

und "Individualisierung" von Jugendbiographien aus.[5] Wir untersuchten deshalb, ob dieser Trend auch mit einer Angleichung geschlechtsspezifischer Freizeitchancen und -interessen verbunden ist. Bei allen Auswertungen wird standardmäßig nach dem Geschlecht differenziert.

2. Die Frage nach der Bedeutung von **ökonomischer und sozialer Ungleichheit**:
   Auf der einen Seite läßt sich vermuten, daß die zunehmende Individualisierung von Lebenslagen auch zu einer Verringerung von klassen- und schichtspezifischen Lebensstilen geführt hat. Auf der anderen Seite aber muß konstatiert werden, daß das Ausmaß der tatsächlichen Ungleichheit keineswegs geringer geworden ist. Zu fragen ist also, ob und in welchem Ausmaß Freizeitchancen und -interessen an soziale Ungleichheiten gebunden sind. Alle Ergebnisse werden deshalb nach der Ausbildung von Jugendlichen und nach dem sozialen Status der Eltern differenziert.

3. Die Frage nach der Situation **ausländischer Jugendlicher**:
   Wie stark unterscheidet sich die Situation ausländischer Jugendlicher von der Situation deutscher Jugendlicher im Hinblick auf Freizeitchancen und -interessen? In allen Auswertungen wird standardmäßig nach der Nationalität differenziert.

4. Die Frage nach der **Familiensituation**:
   Immer mehr Kinder wachsen bei Alleinerziehenden auf. Haben diese Kinder andere Freizeitressourcen und -interessen als Kinder aus Zwei-Elternfamilien? Auch dieses Merkmal wird standardmäßig bei den Auswertungen berücksichtigt.

5. Die Frage nach der **räumlichen Verteilung** von Freizeitchancen und -interessen:
   Diese Frage ist zumindest im Hinblick auf einige Untersuchungsmerkmale wichtig für eine raumbezogene Jugendhilfeplanung. Die Stichprobengröße von rund 600 Jugendlichen ermöglicht jedoch keine differenzierten raumbezogenen Auswertungen. Das Stadtgebiet wurde auf der Grundlage eines Vorschlags des Jugendamtes in elf Teilgebiete unterteilt. Für einige der für die Planung wichtigen Merkmale wird die Verteilung in diesen elf Stadtgebieten dargestellt.

Die oben aufgeführten Merkmale werden standardmäßig in multivariaten Analysen berücksichtigt. Diese Analysen ermöglichen es, den "Nettoeffekt" der einzelnen

---

[5] Vgl. dazu T. Olk, Gesellschaftstheoretische Ansätze in der Jugendforschung, in: H.H.Krüger (Hg.): Handbuch der Jugendforschung, Opladen 1992 S. 193 ff; W. Fuchs, Jugendliche Statuspassagen oder individualisierte Jugendbiographie, in: Soziale Welt 34, 1983, S. 341-371

Merkmale einigermaßen sicher abzuschätzen.

Die Ergebnisse dieser Untersuchungen beziehen sich auf die Stadt Pforzheim - eine Großstadt mit ca. 120.000 Einwohnern. Wir sind aber überzeugt, daß unsere Ergebnisse auch über diesen Rahmen hinaus Geltung beanspruchen können. Wir halten es für sehr wichtig, daß die oft sehr publikumswirksam veröffentlichten Fehleinschätzungen zum Thema Jugend durch eine Studie wie diese korrigiert werden. Nur wenig von dem, was über "gewaltbereite", "medienabhängige" und "konsumsüchtige" Jugendliche berichtet wird, kann durch unsere Untersuchung bestätigt werden. Das ist deshalb so, weil sich die Pforzheimer Jugendstudie auf eine repräsentative Stichprobe bezieht und nicht auf eine Auswahl von etikettierbaren Jugendlichen.

FIFAS-Studie: Jugendliche in Pforzheim 1994　　　13

TEIL A

Kommentierter Ergebnisbericht

II. Die SOZIALE SITUATION von Jugendlichen in Pforzheim

Die soziale Situation von Jugendlichen läßt sich durch verschiedene Merkmale beschreiben. Dazu gehören vor allem die soziale Herkunft, die Familiensituation und die Schul- bzw. Berufsausbildung der Jugendlichen. Wie die Merkmale im einzelnen verteilt sind, geht aus den Tabellen im Teil B hervor. Hier wird nur über die Bereiche soziale Herkunft, Familiensituation und Ausbildung berichtet.

Soziale Herkunft

Von den Pforzheimer Jugendlichen haben 17 Prozent einen "Unterschichthintergrund". Die Eltern sind in Arbeiterberufen tätig als ungelernte oder angelernte Arbeiter. Der größte Teil der Jugendlichen hat Eltern, die sich aufgrund ihrer beruflichen Position einer Statuslage im Bereich der "unteren Mittelschicht" oder "oberen Unterschicht" zuordnen lassen (48 Prozent). Die zur Kennzeichnung dieser Soziallage verwendeten Begriffe sind nicht sehr aussagekräftig. Was dahinter steht, läßt sich eher durch die Berufspositionen der Eltern verdeutlichen. Der Vater und/oder die Mutter üben einen Facharbeiter- oder Handwerkerberuf aus oder sie sind in unteren oder mittleren Angestellten- bzw. Beamtenberufen tätig. Eine stärkere Differenzierung ist nicht möglich, da die Angaben der Jugendlichen z.T. sehr ungenau sind und bei der Erhebung auf ergänzende Merkmale - z.B. Einkommen oder Ausbildung der Eltern - verzichtet werden mußte. 18 Prozent der Jugendlichen haben Eltern in gehobenen Angestellten- oder Beamtenpositionen (z.B. Abteilungsleiter, Verwaltungsinspektor). 17 Prozent haben einen familiären Hintergrund, der im Bereich der oberen Mittelschicht festzumachen ist. Die Eltern sind Selbständige oder in leitenden Positionen und akademischen Berufen tätig.

Von den Vätern der befragten Jugendlichen gehen 90 Prozent einer Erwerbstätigkeit nach - 82 Prozent vollzeit- und acht Prozent teilzeitbeschäftigt. Knapp sieben Prozent sind arbeitslos und drei Prozent sind aus anderen Gründen nicht erwerbstätig (meistens Ruhestand). 64 Prozent der Mütter sind erwerbstätig - 35 Prozent in einer Teilzeitbeschäftigung und 29 Prozent mit einer Vollzeitstelle. Von den Müttern sind vier Prozent arbeitslos gemeldet.

Von den Jugendlichen besitzen 78 Prozent die deutsche Staatsangehörigkeit - 22 Prozent sind Ausländer: Acht Prozent haben die türkische Staatsangehörigkeit, jeweils drei Prozent sind Italiener, kommen aus sonstigen EU-Staaten, aus Gebieten des ehemaligen Jugoslawiens und aus Osteuropa.

Familiensituation

Nahezu alle Jugendlichen - 97 Prozent - leben noch bei ihren Eltern: 83 Prozent mit beiden Eltern zusammen, zwölf Prozent bei der Mutter und zwei Prozent beim Vater. Auch von den älteren Jugendlichen (16 Jahre und älter) wohnen noch 95 Prozent bei den Eltern. Nur knapp ein Prozent (n=5) leben allein in einer Wohnung oder mit einem Partner zusammen. In einem Wohnheim befinden sich acht Jugendliche (etwas über ein Prozent).

Von den Jugendlichen, die noch bei den Eltern wohnen, leben die meisten - 86 Prozent - in einer Familie mit Mutter und Vater. Nur 14 Prozent kommen aus einer alleinerziehenden Familie.

16 Prozent der Jugendlichen sind Einzelkinder. 47 Prozent haben einen Bruder oder eine Schwester. In Familien mit drei Kindern sind 25 Prozent der Jugendlichen aufgewachsen und zwölf Prozent kommen aus einer Familie mit vier und mehr Kindern.

Ausbildung und Berufstätigkeit

Die meisten Jugendlichen (87 Prozent) besuchen noch die Schule: zwei Prozent (n = 10) gehen auf eine Förderschule, jeweils 28 Prozent sind Hauptschüler oder Realschüler. 37 Prozent besuchen ein Gymnasium. Andere Schulformen (Waldorf-Schule, Gesamtschule) haben einen Anteil von fünf Prozent. Von denen, die keine Schule mehr besuchen (n = 79) haben sechs Prozent keinen Abschluß (n=5), 53 Prozent haben den Hauptschulabschluß, 38 Prozent die mittlere Reife und - das ergibt sich aus der berücksichtigten Altersgruppe - nur einer hat das Abitur.
Von den Schulabsolventen befinden sich 82 Prozent in einer Berufsausbildung und acht Prozent besuchen eine Fachschule.

Wenn man die Schüler und die Schulabsolventen zusammennimmt, ergibt sich die folgende Verteilung hinsichtlich der Schultypen: zwei Prozent Förderschule, 35 Prozent Hauptschule, 31 Prozent Realschule und 34 Prozent Gymnasium. Wegen der geringen Fallzahl werden die Förder- und Hauptschüler in allen Auswertungen zusammengefaßt.

Soziale Situation von Jugendlichen: Die Verteilung von Startchancen

Wenn man die soziale Situation von Jugendlichen darstellen will, ist es besonders wichtig, nach den Startchancen zu fragen. Maßgeblich dafür ist der erreichbare Bildungsabschluß, d.h. der besuchte Schultyp, bzw. der schon realisierte Abschluß bei den Auszubildenden. Der Schulabschluß determiniert gewiß nicht die künftige berufliche und soziale Situation, aber er wirkt noch immer als ein überaus wichtiger Filter. Er bestimmt nach wie vor die Bandbreite von Entscheidungsmöglichkeiten und auch den Rahmen innerhalb dessen ein soziales und ökonomisches Niveau der Berufslaufbahn wählbar ist.

In Hypothesen über Bedingungen, von denen es abhängt, welche Chancen Jugendliche im Verlauf ihrer Biographie haben, "soziales, kulturelles und ökonomisches Kapital" zu akkumulieren, werden i.a. die folgenden Faktoren berücksichtigt:
* Merkmale, die als "klassische" Selektionsbedingungen gelten können - das sind in erster Linie die Schichtzugehörigkeit und das Bildungsmilieu der Eltern
* das Merkmal Staatsangehörigkeit im Zusammenhang mit der Annahme, daß Ausländerkinder in unserem Schulsystem benachteiligt werden
* das Merkmal Geschlecht in Hypothesen über geschlechtsspezifische Formen der Diskriminierung
* das Merkmal Familiensituation in der Annahme, daß Kinder aus Einelternfamilien gegenüber Kindern aus vollständigen Familien benachteiligt sind.

Wir haben untersucht, in welcher Weise verschiedene Bedingungen an der Produktion von ungleichen Startchancen beteiligt sind. Das Ergebnis ist eindeutig. Welche Schule ein Jugendlicher besucht, hängt in erster Linie von zwei Bedingungen ab: von seiner Staatsangehörigkeit und von der Berufsposition der Eltern. Die Wahrscheinlichkeit, eine Hauptschule zu besuchen nimmt mit steigendem Berufsstatus der Eltern ab und umgekehrt ist die Wahrscheinlichkeit, daß jemand ein Gymnasium besucht, umso größer, je höher der Berufsstatus der Eltern ist. Diese Beziehung gilt für deutsche und für ausländische Jugendliche. Bei Jugendlichen mit ausländischer Staatsangehörigkeit überlagert sich diese "Vererbung" von Chancen aber noch einmal zusätzlich: Während von den deutschen Arbeiterkindern rund 50 Prozent zur Hauptschule gehen, besuchen 75 Prozent der ausländischen Arbeiterkinder eine Hauptschule. Nur 13 Prozent der deutschen Arbeiterkinder besuchen ein Gymnasium; von den ausländischen Jugendlichen mit Eltern in Arbeiterberufen sogar nur drei Prozent. Die Chancen der Jugendlichen werden deutlich besser, wenn die Eltern einen höheren Berufsstatus haben. Von den deutschen Jugendlichen mit Eltern in leitenden Positionen besuchen nur knapp fünf Prozent eine Hauptschule, aber 78 Prozent ein Gymnasium. Auch für die ausländischen Jugendlichen verbessern sich die Chancen mit steigendem Berufsstatus der Eltern, aber sie bleiben durchweg schlechter als bei den deutschen Jugendlichen. Erst ausländische Jugendliche mit Eltern in leitenden und akademischen Berufen - überwiegend aus EU-Ländern - haben ungefähr die gleichen Ausbildungschancen wie deutsche Jugendliche mit Eltern in vergleichbaren Berufen (Abb.2 bis Abb. 4).

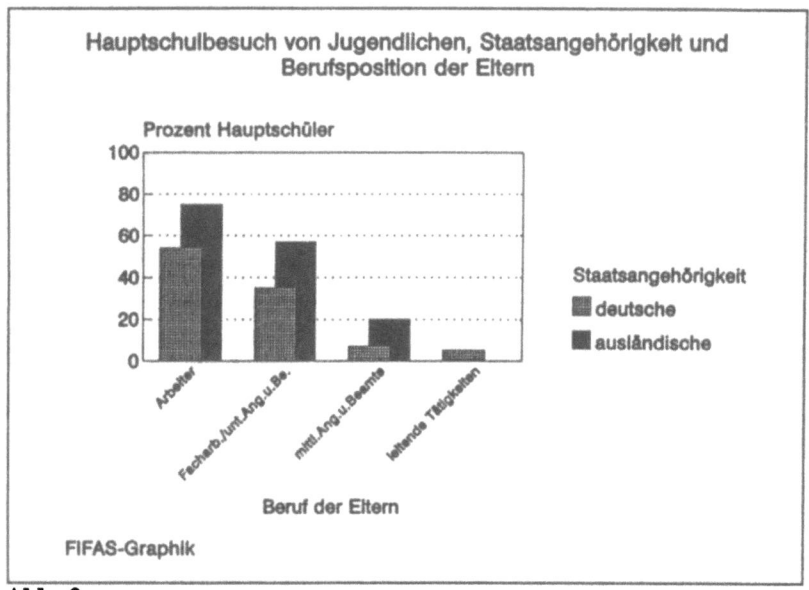

Abb. 2

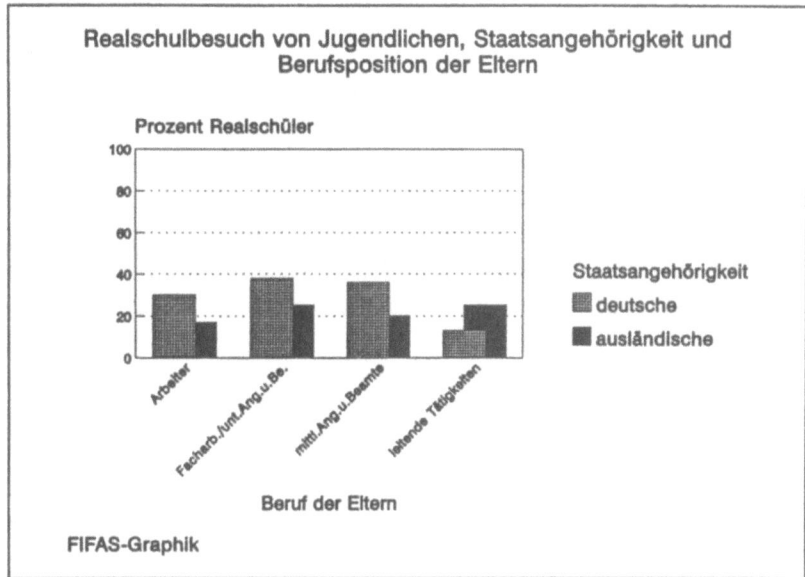

Abb. 3

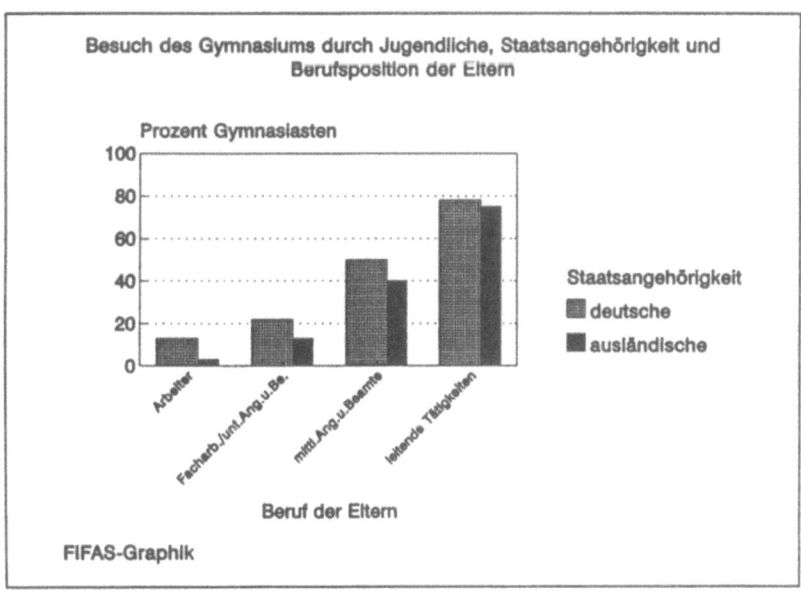

Abb. 4

Um herauszufinden, welche Bedeutung andere Merkmale für die Fixierung von Startchancen haben, wurde eine multivariate Analyse durchgeführt. Bei dieser Analyse wurden alle relevanten Bedingungen simultan berücksichtigt. Das Ergebnis zeigt eindeutig, daß gegenüber den beiden dominierenden Faktoren - Staatsangehörigkeit und Berufsposition der Eltern - alle anderen Merkmale der sozialen Situation keinen zusätzlichen Einfluß auf die Startchancen von Jugendlichen haben. Das ist natürlich ein sehr wichtiges Ergebnis:

* Der besuchte Schultyp ist **nicht** vom Geschlecht abhängig. Es gibt keine geschlechtsspezifische Verteilung von Ausbildungschancen. Dieses Ergebnis ist keineswegs überraschend, denn auch andere Untersuchungen zeigen, daß Mädchen an der Bildungsexpansion überdurchschnittlich partizipiert haben und mit den männlichen Jugendlichen im Hinblick auf ihre Anteile am höheren Bildungssystem gleichgezogen haben.[6]
* Die Familiensituation hat **keinen** nachweisbaren Einfluß auf die besuchte Schule. Die Kinder von Alleinerziehenden haben die gleichen Ausbildungschancen wie die Kinder aus Mehrelternfamilien.
* Arbeitslosigkeit oder andere Gründe für Nichterwerbstätigkeit verschlechtern nicht **zusätzlich** zu den dominanten Faktoren - Staatsangehörigkeit und Berufsstatus der Eltern - die Ausbildungschancen.

Insgesamt und abschließend müssen wir feststellen: Das System der Chancenverteilung ist sehr viel geschlossener als oft vermutet wird. Die "klassischen" Selektionsbedingungen - die sozialen Positionen der Eltern - haben die bei weitem größte Bedeutung für die Verteilung von Startchancen. Eine Tendenz zur "sozialen Vererbung" von kulturellem und sozialem Kapital ist unübersehbar. Gegenüber den Faktoren Berufsposition und Staatsangehörigkeit haben alle andere Bedingungen der sozialen Situation keinen sehr großen Einfluß auf die Verteilung von Startchancen. Das gilt vor allem für das Geschlecht und für die Familiensituation. Eine geschlechtsspezifische Verteilung von Bildungschancen kann nicht beobachtet werden. Die Ergebnisse unserer Untersuchung zeigen, daß im Hinblick auf die Zugangschancen zum Bildungssystem das Geschlecht keine signifikante Bedingung der Diskriminierung ist. Auch die Kinder von Alleinerziehenden sind aufgrund ihrer Familiensituation nicht zusätzlich zu anderen Selektionsbedingungen benachteiligt. Wirklich bedeutsam sind die Berufsposition der Eltern und die Staatsangehörigkeit von Jugendlichen - und zwar für **beide** Geschlechter und unabhängig von der

---

[6] Vgl. K. Hurrelmann, B. Rosewitz, H.Wolf: Lebensphase Jugend 1985, S. 39 ff; K. Allerbeck, W.Hoag: Jugend ohne Zukunft? Einstellungen, Umwelt, Lebensperspektiven, München 1985, S.74ff

Familiensituation.

Im Stadtgebiet von Pforzheim verteilen sich die verschiedenen Ausbildungsarten zwar nicht gleichmäßig, aber es ist auch keine übermäßig starke Segregation beobachtbar (Abb. 5). Einen besonders hohen Anteil von Hauptschülern haben die Stadtteile Oststadt und Innen-/ Weststadt. Der Anteil von Gymnasiasten ist in den folgenden Stadtgebieten besonders hoch: Büchenbronn/Sonnenberg, Würm/Hohenwart/Huchenfeld und Dillweißenstein/Sonnenhof.

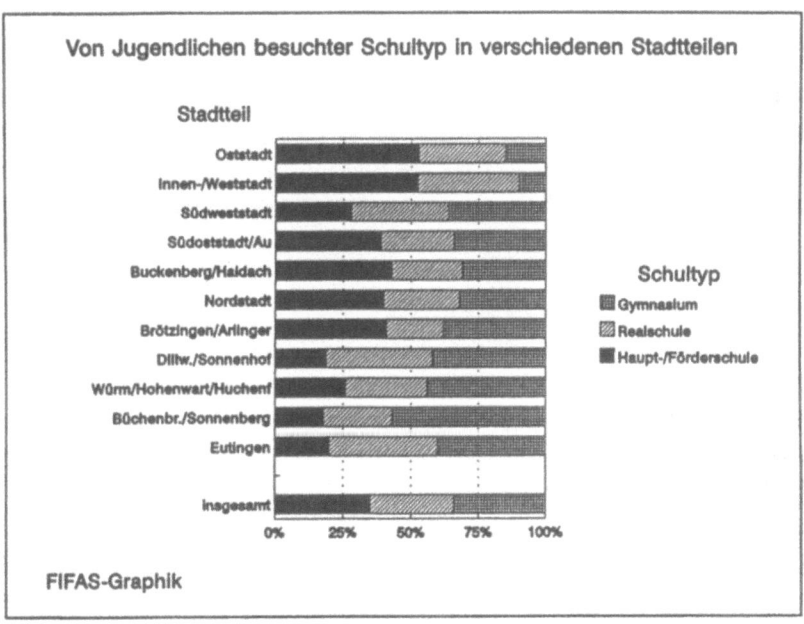

Abb. 5

III. FREIZEITRESSOURCEN von Jugendlichen

Freizeitressourcen sind Mittel und Chancen, die sich für die Gestaltung der Freizeit nutzen lassen. Wichtige Ressourcen sind
* Zeit,
* Geld,
* Örtlichkeiten bzw. Räume,
* soziale Kontakte,
* Mitgliedschaften in Vereinen und Organisationen und
* Freiheiten.

Wie Jugendliche ihre Freizeit verbringen, welche Interessen sie entwickeln und welchen Bedarf nach Angeboten sie haben, hängt vermutlich davon ab, über welche Freizeitressourcen sie verfügen können. Es ist auch anzunehmen, daß nicht alle Jugendlichen in gleichem Maße über Freizeitressourcen verfügen. Die Verteilung von Ressourcen hängt z.T. von der sozialen Situation der Jugendlichen ab, ist z.T. aber auch unabhängig davon.

1. Zeit als Freizeitressource

Wir haben das verfügbare Zeitvolumen mit den gleichen Fragen erfaßt, die auch schon in der 1979 durchgeführten Untersuchung gestellt wurden. Die Fragen differenzieren zwischen der freien Zeit an Wochentagen und am Wochenende. In einem Fragevorspann wurde ausdrücklich darauf hingewiesen, daß unter "freier Zeit" die Zeit gemeint ist, die jemand persönlich zur Verfügung hat - also nach Abzug aller Pflichten, wie z.B. Hausaufgaben, Geschwister hüten, im Haushalt he...

> Frage 20: Wieviel Zeit hast Du durchschnittlich an einem **Wochentag** zu Deiner freien Verfügung?
> Frage 21: Und wie ist das an einem normalen **Samstag**? Wieviel Zeit hast Du da zur Verfügung?
> Frage 22: Und an einem gewöhnlichen **Sonntag**? Über wieviel Zeit kannst Du an einem normalen Sonntag frei verfügen?
>
> Um die Antworten zu erleichtern, wurden Zeitkategorien vorgegeben. Über die Mittelwerte dieser Kategorien wurde die pro Woche insgesamt verfügbare freie Zeit berechnet.

Tabelle 3: Frei verfügbare Zeit von Jugendlichen

	Über wieviel Zeit können Jugendliche frei verfügen?		
	Pforzheim 1994	Pforzheim 1979	Alte Bundesländer 1991 Shell-Jugendstudie 13- bis 18jährige
Durchschnittliche Zeit an Werktagen (Stunden)	4.5	3.7	6.0
Durchschnittliche Zeit an Samstagen (Stunden)	9.5	7.0	11.6
Durchschnittliche Zeit an Sonntagen (Stunden)	9.7	8.0	13.0
Durchschnittliche Zeit pro Woche (Stunden)	44.0	keine Vergleichsdaten	47.0

Im Durchschnitt haben die Jugendlichen in Pforzheim pro Woche 44 Stunden (= Median[7]) zu ihrer freien Verfügung. Wenn man von Extremwerten absieht, variiert das Freizeitvolumen pro Woche zwischen 36 Stunden und 52 Stunden - 50 Prozent der Jugendlichen liegen in diesem Bereich um den Medianwert. Wenn wir von einer durchschnittlichen "wachen Zeit" von 112 Stunden pro Woche ausgehen (24 Stunden minus 8 Stunden Schlaf = 16 Stunden mal 7), hat die für persönliche Zwecke disponierbare Zeit, die Freizeit, einen Anteil von rund 40 Prozent am wöchentlichen Zeitbudget. An Wochentagen haben Jugendliche im Durchschnitt 4.5 Stunden zur freien Verfügung, an den beiden Wochenendtagen jeweils rund 10 Stunden. Gegenüber 1979 hat der Umfang der frei verfügbaren Zeit etwas zugenommen. Besonders an den Wochenenden haben die heutigen Jugendlichen im Durchschnitt mehr freie Zeit als die "79er": am Samstag und Sonntag jeweils rund eineinhalb Stunden mehr.

Ein Vergleich mit der 1991 durchgeführten Shell-Jugendstudie zeigt, daß die Pforzheimer Jugendlichen gegenüber Jugendlichen im gesamten Bundesgebiet (alte Bundesländer) eher weniger freie Zeit haben.

---

[7] Zur Erläuterung: Der Median-Wert ist der 50-Prozent-Wert - unterhalb und oberhalb des Medians befinden sich jeweils 50 Prozent der Fälle.

Die Verfügbarkeit über freie Zeit läßt sich durch die sozialen Merkmale von Jugendlichen nur in geringem Umfang erklären. Den größten Einfluß hat das Merkmal Geschlecht: Mädchen haben im Durchschnitt pro Woche rund drei Stunden weniger Zeit zur freien Verfügung als Jungen. Eine interessante und wichtige Beziehung wird deutlich, wenn die Interaktion zwischen Alter und Geschlecht betrachtet wird (Abb. 6). Es zeigt sich, daß mit zunehmendem Alter das Freizeitvolumen bei den Jungen nahezu unverändert bleibt. Bei den Mädchen jedoch nimmt mit steigendem Alter die frei verfügbare Zeit deutlich ab. Die 12- und 13jährigen Mädchen haben noch genauso viel Freizeit wie die gleichaltrigen Jungen (44 Stunden pro Woche). Bei den Mädchen im Alter von 16 Jahren und mehr hat sich der Umfang der Freizeit deutlich auf nur noch 39 Stunden pro Woche verringert. Es ist anzunehmen, daß dieser Unterschied zwischen Jungen und Mädchen vor allem dadurch zustande kommt, daß Mädchen mit zunehmendem Alter mehr Verpflichtungen im Haushalt übernehmen müssen, daß Jungen dagegen davon weniger betroffen sind. Die mit dem Alter zunehmende Ungleichheit zwischen Jungen und Mädchen im Hinblick auf Freizeitressourcen konnte auch in anderen Untersuchungen beobachtet werden. Die Shell-Jugendstudie von 1991 zeigt, daß die Differenz in der frei verfügbaren Zeit zwischen Jungen und Mädchen in dem Altersbereich, der in Pforzheim nicht berücksichtigt werden konnte, sogar noch größer wird. Der Unterschied steigt von rund zwei Stunden bei den 13- bis unter 17jährigen auf rund neun Stunden bei den jungen Erwachsenen (21 bis 29 Jahre).[8]

---

[8] Hartmut Lüdtke, Zwei Jugendkulturen? Freizeitmuster in Ost und West, in: Jugend '92, Lebenslagen, Orientierungen und Entwicklungsperspektiven im vereinten Deutschland, Bd. 2, Jugendwerk der Deutschen Shell (Hg.), Opladen 1992, S.243

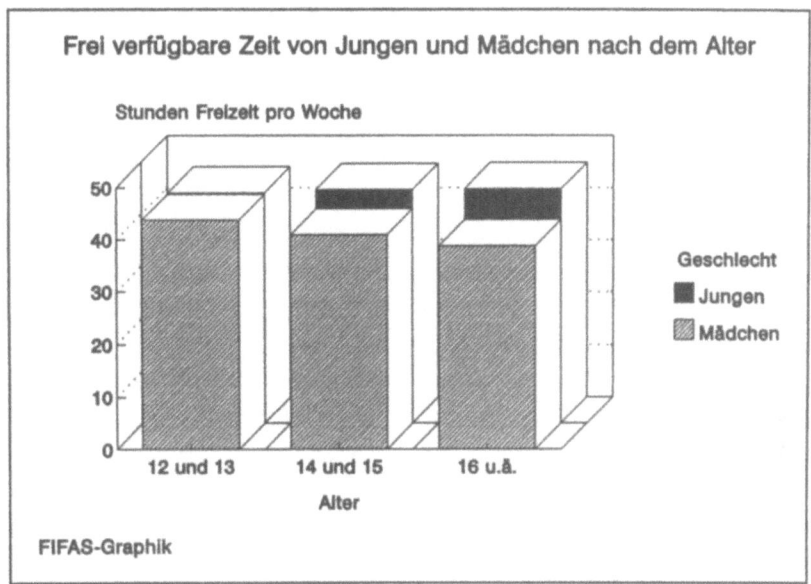

Abb. 6

2. Geld als Freizeitressource

Es ist eine gängige Vermutung, daß Konsumieren zu den wichtigsten Freizeitbeschäftigungen von Jugendlichen gehört: "Die Konsumentenrolle ist eine zentrale Freizeitrolle und wird von Jugendlichen meist früher und problemloser eingeübt als Leistungsrollen."[9] Diese Rolle als Konsument können Jugendliche aber nur spielen, wenn sie über Kaufkraft verfügen. Wie sieht es nun damit aus? Ist ihre Kaufkraft wirklich so hoch, wie oft vermutet wird? In welchem Umfang können Jugendliche in Pforzheim über Geld als Freizeitressource verfügen? Die meisten unserer Befragten gehen aufgrund ihres Alters noch nicht einer regelmäßigen Erwerbstätigkeit nach. Ihre wichtigste Einnahmequelle ist daher in der Regel das Taschengeld.

In welchem Umfang jemand frei über Geld verfügen kann, haben wir durch die folgende Frage erfaßt:

---

[9] H.Lüdtke, aaO, S. 241

> Frage 19: Wieviel Taschengeld steht Dir persönlich in etwa monatlich zur Verfügung? Wenn Dir Deine Eltern Geld für Kleidung oder Essen geben, so zähle dies bitte nicht dazu.

Tabelle 4: Wieviel Geld haben Jugendliche zur freien Verfügung?

	Über wieviel Geld können Jugendliche frei verfügen (DM/Monat)		
	Pforzheim 1994	Pforzheim 1979	Alte Bundesländer 1991 Shell-Jugendstudie 13- bis 18jährige
Median	40.--	keine Vergleichsdaten	40.--

Der Mittelwert für das monatliche Taschengeld beträgt DM 60,--. Dieser Wert ist aber nicht sehr aussagekräftig, da das Taschengeld "schief" verteilt ist. Aussagekräftiger ist der Median: 50 Prozent der Jugendlichen haben ein Taschengeld von weniger als DM 40,--/Monat und 50 Prozent haben mehr als DM 40,--. Dieser Betrag stimmt genau überein mit dem in der Shell-Studie für das gesamte Bundesgebiet (alte Bundesländer) ermittelten Wert. In dem Bereich von DM 20,-- bis DM 82,--/Monat liegt das Taschengeld von 50 Prozent der Jugendlichen.

Als "extrem hoch" müssen bei den Pforzheimer Jugendlichen bereits Beträge von DM 300,--/Monat betrachtet werden. Nur drei Prozent der Jugendlichen (n=17) können über mehr als 300,--DM/Monat verfügen. Beträge von mehr als 600,--DM/Monat wurden nur von zwei Jugendlichen berichtet.

Gemessen an den in der öffentlichen Diskussion kursierenden Vorstellungen sind das überraschend niedrige Werte. Bei diesen Beträgen kann man kaum annehmen, daß Jugendliche dem "Rausch des Konsums" verfallen. Und die Annahme, daß die Konsumentenrolle eine zentrale Freizeitrolle ist, kann allenfalls für ältere Jugendliche mit eigenem Einkommen vertreten werden.

Die Höhe des Taschengeldes ist vor allem von zwei Faktoren abhängig: vom Alter und von der Art der Ausbildung (Abb.7). Da wir in unserer Stichprobe nur sehr wenig erwerbstätige Jugendliche haben, können wir über diesen für die Kaufkraft von älteren Jugendlichen sehr wichtigen Einflußfaktor keine Aussage machen.

Was das Alter betrifft, steigen bei den Schülern die Durchschnittswerte für das monatliche Taschengeld von rund DM 40,-- bei den 12- und 13jährigen, über rund

DM 47,-- bei den 14- und 15jährigen auf rund DM 90,-- bei den 16jährigen und älteren Jugendlichen. Die Unterschiede zwischen Hauptschülern, Realschülern und Gymnasiasten sind gering. Nur in den unteren Altersklassen ist der Trend erkennbar, daß Gymnasiasten etwas weniger Taschengeld erhalten als Haupt- und Realschüler.

Eine besondere Position haben beim Taschengeld die Azubis: der Geldbetrag, über den sie im Durchschnitt für persönliche Zwecke frei verfügen können, beträgt rund DM 200,-- pro Monat.

Mit den beiden Merkmalen Schul- bzw. Berufsausbildung und Alter lassen sich die Unterschiede in der Verfügbarkeit über Taschengeld relativ gut erklären. Beide Merkmale haben auch einen annähernd gleich großen Einfluß auf die Höhe des frei verfügbaren Einkommens. Überraschend ist, daß die folgenden Merkmale der Sozialsituation von Jugendlichen **keinen Einfluß** auf die Höhe der verfügbaren Geldmittel haben:

* **Geschlecht** - Jungen und Mädchen erhalten unter sonst gleichen Bedingungen annähernd gleich viel Taschengeld;
* **Nationalität** - unter sonst gleichen Bedingungen ist das Taschengeld von ausländischen und deutschen Jugendlichen annähernd gleich hoch;
* **Familientyp** - Kinder von Alleinerziehenden können unter sonst gleichen Bedingungen ungefähr über genauso viel Geld verfügen wie Kinder aus Zweielternfamilien;
* **Berufsstatus der Eltern** - für das Taschengeld macht es unter sonst gleichen Bedingungen keinen Unterschied, welchen Berufsstatus die Eltern haben.

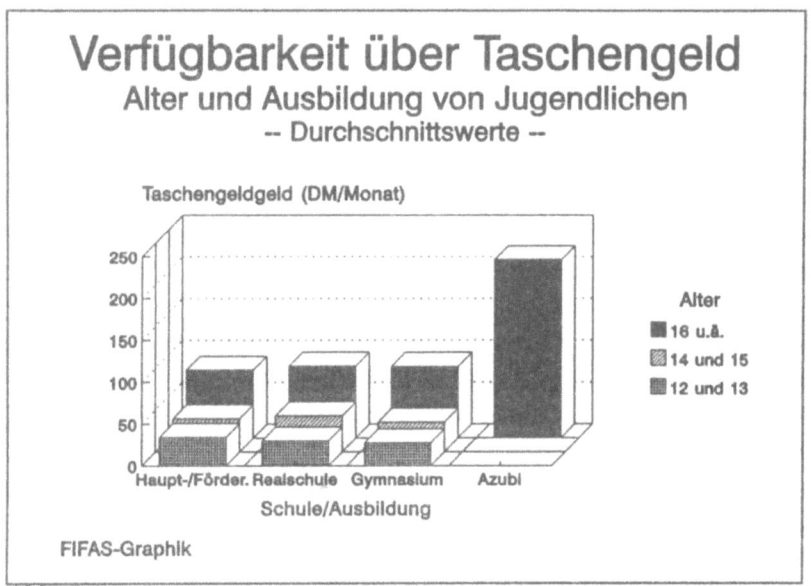

Abb. 7

3. Räume als Freizeitressourcen

Jedes Handeln hat einen Raumbezug. Das gilt natürlich auch für die Freizeitaktivitäten von Jugendlichen. Wir haben deshalb untersucht, welche räumlichen Ressourcen ihnen zur Verfügung stehen. Dabei muß unterschieden werden zwischen:
* der Verfügbarkeit über Binnenräume und
* dem Vorhandensein von Außenräumen im Umfeld der eigenen Wohnung

Was die Binnenräume angeht, ist es besonders wichtig, ob ein Jugendlicher ein eigenes Zimmer hat und wenn nicht, mit wieviel anderen er es teilen muß.

Bei den Außenräumen im Umfeld der Wohnung berücksichtigen wir, wie dieses Umfeld aus der Sicht des Jugendlichen bewertet wird. Wir gehen davon aus, daß in diesen Bewertungen die Aktionsraumqualität des Wohnumfeldes zum Ausdruck gebracht wird, also das Ausmaß, in dem sich das Wohnumfeld aus der Sicht der Jugendlichen für Freizeitaktivitäten eignet.

3.1 Die eigene Wohnung: Binnenräume als Freizeitressourcen

Die Wohnverhältnisse und insbesondere die Verfügbarkeit über **Binnenräume** wurde durch die folgenden Fragen ermittelt:

> Frage 6: Wieviel Wohnräume hat die Wohnung? - ohne Küche, Bad und Flur -
>
> Frage 7: Wieviel Personen leben in Eurer Wohnung?
> Nicht berücksichtigt bei diesen beiden Fragen sind Jugendliche, die in einem Wohnheim leben.
>
> Frage 8: Hast Du ein eigenes Zimmer?
> Bei "nein" wurde nachgefragt, mit wieviel anderen Personen ein Raum geteilt werden muß.

Für 36 Prozent der Jugendlichen sind die Wohnverhältnisse gut bis sehr gut: pro Haushaltsmitglied steht mehr als ein Raum zur Verfügung.
Bei 27 Prozent der Jugendlichen sind die Wohnverhältnisse durchschnittlich: pro Person ist ein Raum vorhanden.
37 Prozent der Jugendlichen leben in beengten Verhältnissen. In ihren Haushalten steht pro Person weniger als ein Raum zur Verfügung.
  Zwei Drittel der Jugendlichen verfügen über ein eigenes Zimmer - gegenüber 1979 hat sich nicht viel geändert (1994: 67 Prozent, 1979: 68 Prozent). 17 Prozent der Jugendlichen müssen sich einen Raum mit einer weiteren Person - meistens einem Bruder oder einer Schwester - teilen und 16 Prozent müssen einen Raum sogar mit zwei oder mehr anderen Personen nutzen.

Faßt man die beiden Indikatoren zusammen, so zeigt sich, daß in Pforzheim rund 40 Prozent der Jugendlichen nur in sehr eingeschränktem Maße über Binnenräume als Freizeitressource verfügen können: Rund ein Drittel der Jugendlichen hat kein eigenes Zimmer und knapp zehn Prozent haben zwar ein eigenes Zimmer, aber die Familie insgesamt lebt in sehr beengten Verhältnissen.
  Das ist ein wichtiges Ergebnis, denn es zeigt, daß ein ganz beträchtlicher Teil der Jugendlichen darauf angewiesen ist, daß in ausreichendem Maße öffentliche oder kommerzielle Angebote von Binnenräumen vorhanden sind, die für Jugendliche zugänglich und geeignet sind. Die im Durchschnitt eher geringe Verfügbarkeit über ein frei disponierbares Taschengeld (vgl. Abschn. 2) zeigt auch, daß kom-

merziell angebotene Räume (Café, Disko, Kneipe) nur begrenzt ein Ersatz für fehlende private Räume sein können und daß ein ausreichendes Angebot an öffentlichen Räumen eine ganz zentrale Bedeutung hat.

Die Verfügbarkeit über ein eigenes Zimmer und die Wohnsituation der Familie allgemein hängen in erster Linie von den sozialen Merkmalen Nationalität, Berufsposition der Eltern und besuchte Schulart bzw. Berufsausbildung ab.

* Von den Jugendlichen mit ausländischer Staatsangehörigkeit haben nur 37 Prozent ein eigenes Zimmer, von den deutschen Jugendlichen dagegen 75 Prozent.
* Nahezu alle Kinder von Eltern in leitenden Positionen haben ein eigenes Zimmer (95 Prozent). Von den Jugendlichen aus Arbeiterfamilien sind es dagegen nur 40 Prozent. Die übrigen Berufsgruppen liegen dazwischen.
* Hauptschüler können am wenigsten über ein eigenes Zimmer verfügen (42 Prozent) und Gymnasiasten am häufigsten (87 Prozent).
* Wenn die Eltern einen relativ hohen Berufsstatus haben (leitende Positionen), ist die Verfügbarkeit über ein eigenes Zimmer nicht von der besuchten Schulart abhängig. Besonders stark ausgeprägt ist die Benachteiligung von Haupt- und Förderschülern, deren Eltern einen niedrigen Berufsstatus haben (Abb. 8).

Wenn die Merkmale Berufsstatus der Eltern, Schulart bzw. Ausbildung und Nationalität kontrolliert werden, haben die folgenden Sozialmerkmale keinen Einfluß auf die Verfügbarkeit über ein eigenes Zimmer und auf die Wohnsituation allgemein:

* Geschlecht: Jungen und Mädchen haben ungefähr im gleichen Umfang ein eigenes Zimmer.
* Alter: In allen Altersgruppen ist der Anteil der Jugendlichen mit eigenem Zimmer ungefähr gleich groß.
* Familientyp: Die Kinder von Alleinerziehenden können im gleichen Umfang über ein eigenes Zimmer verfügen wie die Kinder aus Zweielternfamilien.

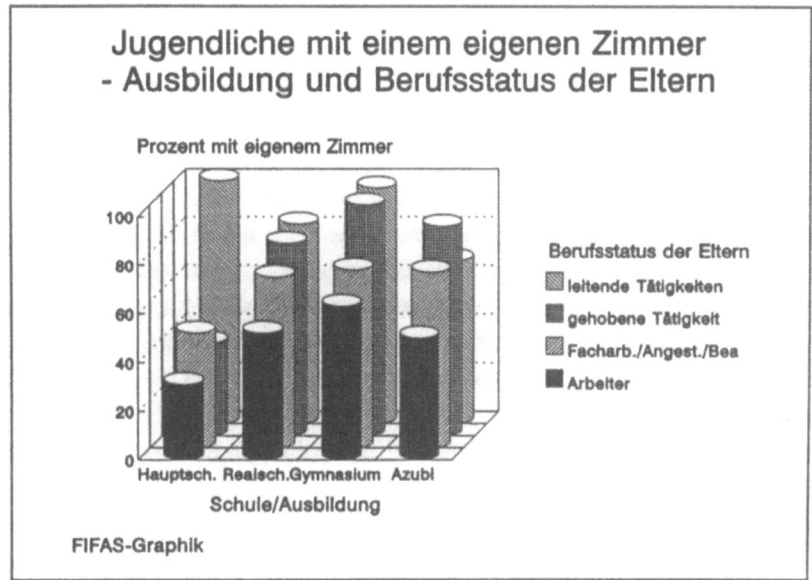

Abb. 8

Die hier berichteten Ergebnisse zeigen, daß die sozio-ökonomische Situation der Familie die Verfügbarkeit über Binnenräume und damit die Entfaltungschancen von Jugendlichen ganz entscheidend beeinflußt. Alter und Geschlecht und auch der Familienstatus haben keine große Bedeutung. Das größte Gewicht besitzen Merkmale, die auf wirtschaftliche und soziale Benachteiligungen verweisen: die Nationalität, die Berufsposition der Eltern und die Ausbildung von Jugendlichen.

3.2 Außenräume als Freizeitressourcen - Aktionsräume

Aktionsräume im Wohnumfeld sind Territorien, die zugänglich, gefahrlos und gestaltbar sind und wo es Interaktionschancen mit anderen gibt. Bei einer in Freiburg durchgeführten Untersuchung der Situation von Kindern im Vorschul- und Grundschulalter erwies sich das Vorhandensein geeigneter Aktionsräume im unmittelbaren Wohnumfeld als besonders wichtig für den Ablauf des Kinderalltags.[10] Vermutlich sind Jugendliche deutlich weniger auf eine gute Aktionsraumqualität im Nahbereich der Wohnung angewiesen als Kinder. Es kann vorausgesetzt werden, daß ihre Mobilitätskompetenz erheblich besser ist und daß ein ungünstiges Wohnumfeld leichter durch Mobilität kompensiert werden kann. Empirische Untersuchungen zeigen aber, daß sich auch ein großer Teil der 12- bis 16jährigen besonders gerne im Wohnquartier aufhält.[11] Auch Jugendliche haben im allgemeinen ein großes Interesse daran, einen großen Teil ihrer Freizeit in einem vertrauten Territorium zu verbringen. Das unmittelbare Wohnumfeld kann also auch für die in Pforzheim untersuchten Altersgruppen durchaus ein wichtiger Aktionsraum sein, wenn es sich aus der Sicht der Jugendlichen dafür eignet. Natürlich sind die Beurteilungskriterien ganz anders als bei Kindern. Das gilt für alle oben aufgezählten Merkmale eines Aktionsraumes. Insbesondere die Merkmale Zugänglichkeit, Gefahrlosigkeit und Gestaltbarkeit haben bei Jugendlichen eine andere Bedeutung als bei Kindern.

Die Bewertung der **Außenräume** im Wohnumfeld durch die Jugendlichen wurde durch die folgende Frage erfaßt:

> Frage 10: Wenn Du mal so an das Gebiet um Deine Wohnung rum denkst. Was stört Dich da? Was gefällt Dir?
>
> Die Antworten auf diese offene Frage wurden nachträglich zu Kategorien zusammengefaßt.

---

[10] Vgl. dazu Baldo Blinkert, Aktionsräume von Kindern in der Stadt, Pfaffenweiler 1993

[11] Vgl. dazu H.J.Krause, T. Ohrt, H. v.Seggeren: Kinder in der Stadt, Teil II, Hamburg 1977 (hekt.Man.), S. 35; A. Bengtson: Ein Platz für Kinder, Wiesbaden/Berlin 1971, S. 24

Was stört im Wohnumfeld? Was gefällt?

55 Prozent der Jugendlichen äußern sich kritisch über ihr Wohngebiet. Sie nennen etwas, das sie "stört". 67 Prozent der Jugendlichen machen eine positive Aussage. Sie erwähnen etwas, was ihnen "gefällt". Die Aussagen der Jugendlichen sind nicht immer einheitlich nur negativ oder nur positiv. Positive Bewertungen ("etwas gefällt") werden nicht selten mit negativen Aussagen verbunden ("etwas stört"). Das kommt bei 43 Prozent der befragten Jugendlichen vor, die eine ambivalente Einstellung gegenüber ihrem Wohnumfeld haben. 22 Prozent machen weder eine positive noch eine negative Aussage. 12 Prozent der Jugendlichen äußern sich nur kritisch über ihr Wohnumfeld und 24 Prozent sehen nur positive Aspekte.

Die Beurteilung des Wohnumfeldes ist in den einzelnen Stadtgebieten sehr unterschiedlich. Die Abbildung 9 zeigt, wie die Stadtgebiete von Pforzheim durch die Jugendlichen bewertet werden. Es wird für jedes Stadtgebiet ausgewiesen, wieviel Prozent der Jugendlichen
* ihr Wohnumfeld nur negativ beurteilen
* eine neutrale Haltung einnehmen, d.h. weder positive noch negative Aussagen machen
* eine ambivalente Einstellung haben, d.h. sowohl positive als auch negative Aussagen machen und
* wieviel Prozent ihr Wohngebiet nur positiv beurteilen

Insgesamt überwiegen die positiven Aussagen. Überdurchschnittlich gut werden die folgenden Gebiete bewertet: Büchenbronn/Sonnenberg, Dillweißenstein/Sonnenhof, Brötzingen/Arlinger und Südweststadt. Negative Einschätzungen haben in den folgenden Stadtteilen einen relativ hohen Anteil: Eutingen, Oststadt, Innen-/Weststadt und Nordstadt.

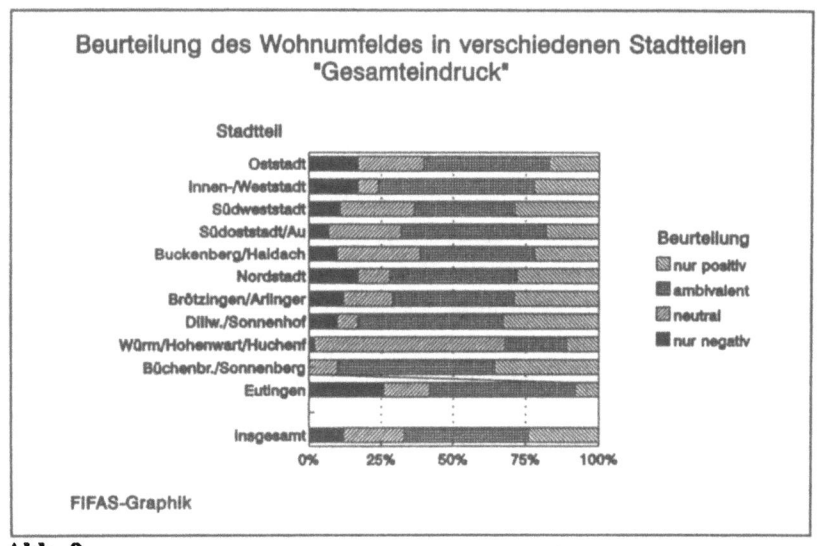

Abb. 9

Die folgende Tabelle zeigt, welche Merkmale in den positiven oder negativen Beurteilungen der Jugendlichen eine besonders große Bedeutung hatten:

Tabelle 5: Kriterien zur Beurteilung des Wohnumfeldes

positive Bewertung: es gefällt:	Prozent	negative Bewertung: es stört:	Prozent
keine Umweltbelastungen	26	starke Umweltbelastungen	16
gute Anregungen und Angebote für Jugendliche	23	Anregungen und Angebote für Jugendliche fehlen	17
günstige verkehrsmäßige Anbindung	15	verkehrsmäßige Anbindung ist schlecht	4
gute städtebauliche Konzeption, aufgelockerte Bebauung	12	schlechte städtebauliche Konzeption, zu dichte Bebauung, keine Grünanlagen	9
keine Isolierung, keine Anonymität im Wohngebiet	7	Isolierung, Anonymität, keine Kontakte im Wohngebiet	4
geringe Verkehrsbelastung	5	zu starke Verkehrsbelastung	11
verständnisvolle Nachbarn	4	verständnislose Nachbarn	6
keine sozialen Probleme	0	soziale Probleme (Kriminalität)	3

Bei den positiven Bewertungen wird besonders häufig auf die fehlende Umweltbelastung hingewiesen. Sehr häufig genannt wird auch das Vorhandensein von guten und interessanten Angeboten für Jugendliche. An dritter Stelle steht die verkehrsmäßige Anbindung. Relativ häufig wird auch auf eine gelungene städtebauliche Konzeption für das Wohngebiet hingewiesen - u.a. auf die aufgelockerte Bebauung und auf Grünanlagen.

Bei den negativen Bewertungen kommen besonders häufig Aussagen über fehlende Anregungen und Angebote für Jugendliche vor. An zweiter Stelle stehen Hinweise auf die Umweltbelastung im Wohngebiet. Wichtig und erstaunlich ist es, wie wenig auf "soziale Probleme" (z.B. Kriminalität, Gewalt) hingewiesen wird.

Insbesondere für die folgenden Beurteilungskriterien läßt sich eine stadtgebietsspezifische Verteilung beobachten: Umwelt- und Verkehrsbelastung, verkehrsmäßige Anbindung bzw. Erreichbarkeit des Wohngebietes und Vorhandensein oder Fehlen von Angeboten für Jugendliche. Wie die Stadtgebiete nach diesen Beurteilungskriterien eingestuft werden, zeigen die Abbildungen 10 bis 13.

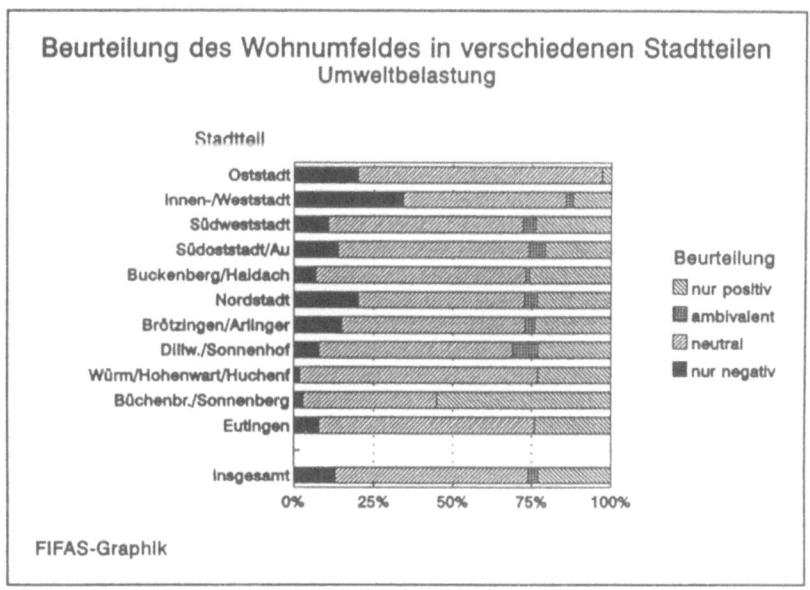

Abb. 10

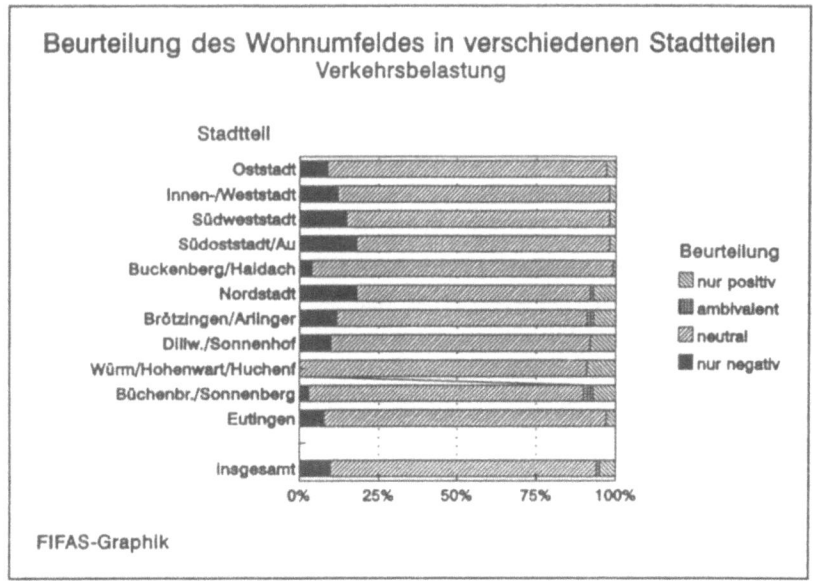
Abb. 11

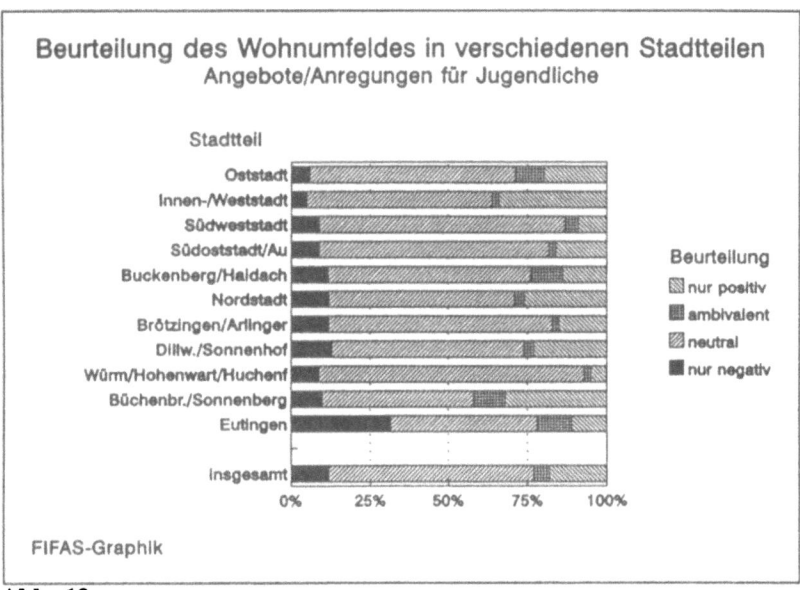
Abb. 12

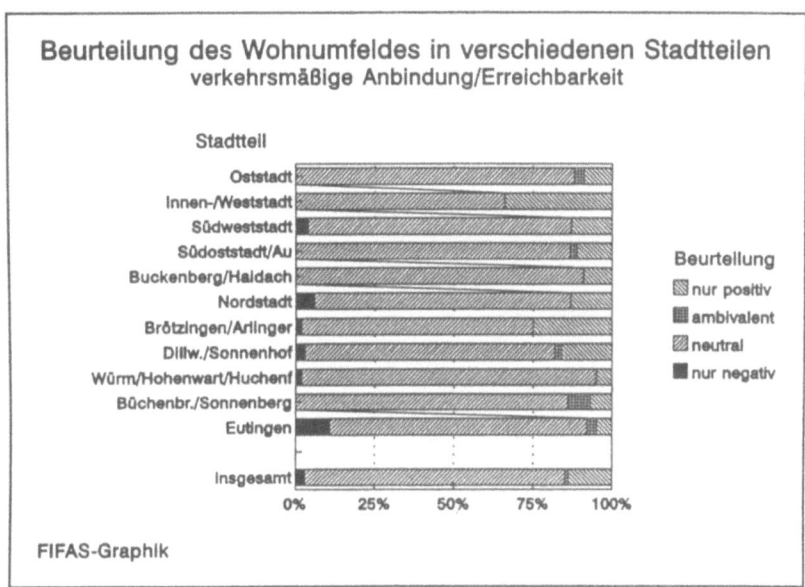

Abb. 13

Umweltbelastungen werden besonders für das Gebiet Innen-/Weststadt berichtet. Überdurchschnittlich schlecht werden auch die Oststadt und Nordstadt beurteilt. Eine geringe Umweltbelastung wird als positives Merkmal für die Stadtgebiete Büchenbronn/Sonnenberg und Würm/Hohenwart/Huchenfeld hervorgehoben. Einige Zitate verdeutlichen, was Jugendliche als störende Umweltbelastungen empfinden:

"Der Krach von den Autos", "Autolärm".
"Nachts ist die Straße zu laut".
"Zu wenig Grünflächen in der Nähe".
"Wald wird wegen eines geplanten Bauvorhabens wahrscheinlich abgeholzt".
"Der Lärm durch die Nachbarn nach 22 Uhr".
"Hier stinkt´s".
"Autoabgase".
"Müll auf der Straße", "Müll um das Haus".

Häufige Aussagen über positive Umweltbedingungen sind:
"Es ist ruhig hier".
"Daß es hier noch Natur gibt".
"Waldnähe zum Spazierengehen".

Verkehrsbelastungen sind nach der Meinung der Jugendlichen vor allem in den Gebieten Nordstadt, Südoststadt/Au, Südoststadt und Innen-/Weststadt ein Problem. Auf das Fehlen von Verkehrsbelastungen weisen besonders häufig Jugendliche hin, die in Würm/Hohenwart/Huchenfeld, in Büchenbronn/Sonnenberg oder in Dillweißenstein/ Sonnenhof wohnen.
Als störend werden vor allem das hohe Verkehrsaufkommen im Wohnumfeld und nichtangepaßte Geschwindigkeit angesehen:
  "Zu viel Verkehr".
  "Die Autos fahren zu schnell".
  "Tempo 30 wird nicht eingehalten".
  "Die Wohnung liegt an der Straße".
  "Viele Unfälle".
Auf eine fehlende Verkehrsbelastungen wird in Aussagen wie den folgenden hingewiesen:
  "Gegend ist verkehrsberuhigt".
  "Nicht so viel Verkehr".
  "Wohnung liegt nicht im Verkehr".
  "Man kann auf der Straße spielen".

Anregungen und Angebote für Jugendliche: Als besonders "anregungsreich" gelten die Stadtgebiete Innen-/Weststadt, Büchenbronn/Sonnenberg und Nordstadt. Jugendliche, die in diesen Gebieten wohnen, machen besonders oft positive Aussagen über die guten Angebote und Anregungen. Als besonders "anregungsarm" empfinden Jugendliche den Stadtteil Eutingen.
Sehr deutlich äußern sich Jugendlichen, wenn sie ihr Wohngebiet als angebotsarm beschreiben:
  "Kein Café/Eisdiele, in dem man sich mit Freunden treffen kann".
  "Basketballkörbe, die frei zugänglich sind, fehlen".
  "Es fehlen Jugendzentren".
  "Kaum kostenlose Aufenthaltsmöglichkeiten".
  "Hier ist nix los".
  "Pforzheim ist langweilig".
  "Die Stadt könnte mehr tun".
Andererseits werden auch konkrete Aussagen über gute Anregungen und Einrichtungen gemacht:
  "Fußballspielen auf dem Felsenplatz möglich, Spielpatz, Radfahren möglich".
  "Disco, Schwimmbad, Kino in der Nähe".
  "Billiard, Tischtennis".

"Eastend in der Nähe".
"Verschiedene Treffmöglichkeiten".
"Spielplatz vor dem Haus".
"Bücherei, Angebote des Evangelischen Gemeindezentrums".

Die **verkehrsmäßige Anbindung** wird insgesamt "neutral" bewertet. Eher günstige Beurteilungen gibt es für die Innen-/Weststadt und für Brötzingen/Arlinger. Negative Aussagen werden relativ häufig von Jugendlichen gemacht, die in Eutingen wohnen.
Ob ein Wohngebiet über eine gute oder schlechte verkehrmäßige Anbindung verfügt, entscheiden die Jugendlichen fast überwiegend danach, wie gut oder schlecht der öffentliche Personennahverkehr ausgebaut ist:
"Busverbindungen zu wenig und zu teuer".
"Busverbindung nach 22 Uhr und an Wochenenden ist schlecht".
"Bushaltestelle ist in der Nähe".
"Tagsüber gute Busverbindung".
"Gute Busverbindung, man kommt gut in die Stadt".
"Schule in der Nähe, alles in der Nähe".
"Nicht weit vom Zentrum".
"Kurzer Arbeitsweg, im Zentrum gelegen".

Was ist nun in Pforzheim das "ideale Wohngebiet" für Jugendliche? Diese Frage läßt sich nicht eindeutig beantworten. Die Ergebnisse zeigen, daß die Stadtgebiete nach den besonders wichtigen Bewertungskriterien nicht einheitlich gut oder schlecht beurteilt werden. Hinzu kommt, daß diese Bewertungskriterien unterschiedlich sind und z.T. mit dem "Schulniveau", mit dem Geschlecht und mit dem Alter variieren:

* Für Mädchen sind der Tendenz nach die folgenden Kriterien wichtiger als für Jungen: Umweltbelastungen, gute verkehrsmäßige Anbindung. Weniger wichtig ist den Mädchen dagegen das Vorhandensein oder Fehlen von Angeboten für Jugendliche.
* Mit zunehmendem Alter wird die verkehrsmäßige Anbindung eines Wohngebietes zunehmend wichtiger. Dagegen ist mit zunehmendem Alter das Vorhandensein oder Fehlen von Angeboten für Jugendliche weniger wichtig.
* Mit steigendem "Ausbildungsniveau" nimmt die Bedeutung der folgenden Beurteilungskriterien zu: Umweltbelastung, städtebauliche Konzeption, verkehrsmäßige Anbindung und Vorhandensein von Angeboten für Jugendliche.

Bei der Darstellung von Beurteilungen des Wohnumfeldes muß auch beachtet werden, daß die hier berücksichtigten Stadtteile auf einer sehr groben Einteilung des Stadtgebietes beruhen. Eine kleinräumigere Aufteilung hätte sehr viel aussagekräftigere Ergebnisse erbracht, war aber wegen der Stichprobengröße nicht möglich.

4. Kontakte zu Gleichaltrigen als Freizeitressourcen

Die Mitgliedschaft in einer Clique, enge Freunde oder Freundinnen, ein Partner oder eine Partnerin - also enge Kontakte mit Gleichaltrigen und ein mehr oder weniger umfangreiches Netz von Kontakten sind im Jugendalter von herausragender Bedeutung. Die Kontakte bilden einen zentralen Rahmen für die Nutzung der Freizeit. Und darüber hinaus haben sie eine eigenständige Bedeutung für den Entwicklungsverlauf im Jugendalter. Altershomogene Gruppen bilden in modernen Gesellschaften einen wichtigen Übergangs- und Verbindungsbereich zwischen Familie und Gesellschaft.[12]

In der Pforzheimer Jugendstudie wurden die Kontakte mit anderen Jugendlichen unter zwei Gesichtspunkten ermittelt. Zum einen wurde festgestellt, ob jemand einen Freund, eine Freundin, einen Partner bzw. eine Partnerin hat (Frage 41 a und 41 b). Und zum anderen wurde gefragt, ob jemand sich einer Clique zugehörig fühlt und wie häufig sich diese Clique trifft (Frage 36 und 37).

Enge Kontakte zu Gleichaltrigen: Freundschaften und Partnerschaften

Die Fragen 41a und 41b sollten ermitteln, ob ein Jugendlicher eine feste und dauerhafte Beziehung zu jemandem hat. Freundschaften mit gleichgeschlechtlichen Partnern wurden über die Frage nach einem "**wirklichen Freund**" bzw. einer **wirklichen Freundin**" erfragt, und eine Beziehung mit einem andersgeschlechtlichen Partner durch die Formulierung "**feste Freundin**" bzw. "**fester Freund**".

---

[12] Vgl. dazu: Samuel E. Eisenstadt, Von Generation zu Generation, München 1966.

Tabelle 6: Freundschaften und Partnerschaften

	Frage 41 a: (AN MÄNNLICHE BEFRAGTE) Hast Du einen wirklichen Freund? Hast Du eine feste Freundin? Frage 41 b: (AN WEIBLICHE BEFRAGTE) Hast Du eine wirkliche Freundin? Hast Du einen festen Freund?		
	Pforzheim 1994	Pforzheim 1979	Alte Bundesländer 1991 Shell Jugendstudie 13- bis 18jährige
Freunde: "wirkliche(r) Freund(in)"	90 %	keine Vergleichsdaten	91 %
Partner: "feste(r) Freund(in)"	24 %	keine Vergleichsdaten	30 %

90 Prozent der Jugendlichen in Pforzheim haben einen "wirklichen" Freund bzw. eine "wirkliche" Freundin. Es gibt praktisch keinen Unterschied zu dem in der Shell-Jugendstudie für die alten Bundesländer berichteten Anteil. Rund ein Viertel der Jugendlichen hat einen andersgeschlechtlichen Partner bzw. eine Partnerin. Hier ergibt sich ein kleiner Unterschied zu den Bundesdaten der Shell-Studie. In Pforzheim berichten etwas weniger Jugendliche, daß sie einen andersgeschlechtlichen Partner haben.

Wenn beide Möglichkeiten einer engen Beziehung zu Gleichaltrigen zusammengefaßt werden, ergibt sich folgendes Bild:

* Nur sieben Prozent der Pforzheimer Jugendlichen haben weder einen "wirklichen" Freund/eine "wirkliche" Freundin noch einen gegengeschlechtlichen Partner.
* Drei Prozent haben nur einen gegengeschlechtlichen Partner bzw. eine Partnerin.
* 70 Prozent haben keinen andersgeschlechtlichen Partner, aber einen "wirklichen" Freund/eine "wirkliche" Freundin.
* 20 Prozent haben beides - also einen "wirklichen" Freund/eine "wirkliche" Freundin und einen Partner/eine Partnerin.

Es gibt in Pforzheim also nur eine sehr kleine Gruppe von Jugendlichen - sieben Prozent! -, die keine engen Bindungen an Gleichaltrige hat. Der Anteil dieser Jugendlichen nimmt mit steigendem Alter leicht zu: von fünf Prozent bei den 12- und 13jährigen auf acht Prozent bei den 16jährigen und älteren. Die große Mehrheit der Pforzheimer Jugendlichen - 70 Prozent - hat eine Freundschaftsbeziehung, aber keine Beziehung zu einem andersgeschlechtlichen Partner. Mit zunehmendem Alter nimmt die Bedeutung dieser Beziehungskonstellation ab - von 79 Prozent bei den 12- und 13jährigen, auf 58 Prozent bei den 16jährigen und älteren Jugendlichen. Freundschaften werden aber keineswegs durch Beziehungen mit einem andersgeschlechtlichen Partner ersetzt: 20 Prozent der Pforzheimer Jugendlichen berichten von einer Freundschaft **und** Partnerschaft. Mit zunehmendem Alter **steigt** der Anteil der Jugendlichen mit dieser Kontaktstruktur - von 14 Prozent bei den 12- und 13jährigen auf 29 Prozent bei den 16jährigen und älteren Jugendlichen.

Von allen sozialen Merkmalen hat nur das Alter einen deutlichen Einfluß auf das Vorhandensein enger Kontakte - wobei dieser Einfluß sich auf die Beziehungen mit andersgeschlechtlichen Partnern beschränkt. Alle anderen Merkmale - Geschlecht, Familientyp, Nationalität, Ausbildung und Berufsposition der Eltern - haben keinen nachweisbaren Einfluß auf das Vorhandensein oder Fehlen enger Kontakte zu Gleichaltrigen.

Den deutlichen und vom Geschlecht unabhängigen Einfluß des Alters auf das Vorliegen einer Beziehung zu einem andersgeschlechtlichen Partner zeigt die Abbildung 14.

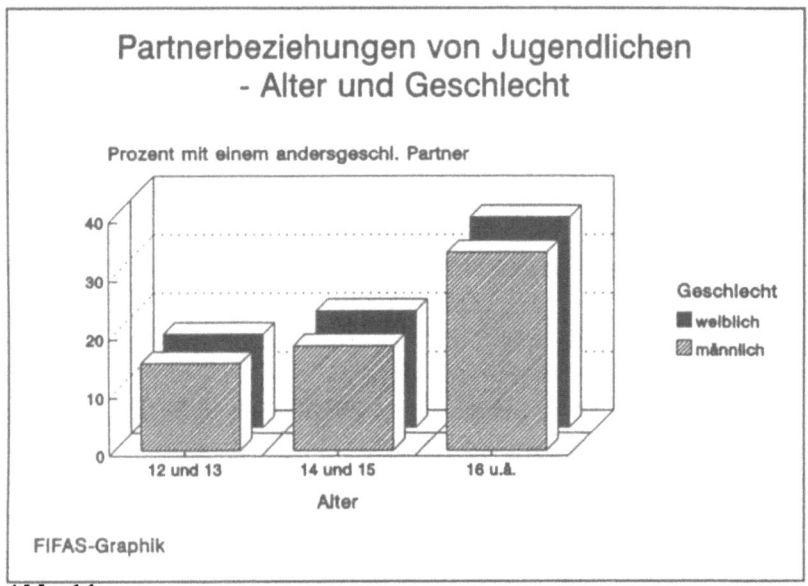

Abb. 14

Mitgliedschaft in einer Clique

Die zweite Fragegruppe zu den Beziehungen mit Gleichaltrigen (Frage 36 und 37) bezieht sich auf die Mitgliedschaft in einer Clique und erfaßt eher den **Umfang** des Kreises, in dem sich ein Jugendlicher bewegt. Die Zusatzfrage nach der Häufigkeit des Treffens ermöglicht aber auch eine Unterscheidung nach Intensitätsgraden.

Tabelle 7: Mitgliedschaft in einer Clique

	Frage 36: Gibt es einen Kreis junger Leute - eine Clique - mit dem Du Dich regelmäßig triffst und mit denen Du Dich zusammengehörig fühlst? Frage 37: Wie häufig trefft Ihr Euch? Fast täglich, mehrmals in der Woche oder seltener?		
	Pforzheim 1994	Pforzheim 1979	Alte Bundesländer 1991 Shell Jugendstudie 13- bis 18jährige
ja, täglich	25 %	keine Vergleichsdaten	73 %
ja, mehrmals die Woche	32 %	keine Vergleichsdaten	
ja, seltener	12 %	keine Vergleichsdaten	
nein, gibt es nicht	31 %	keine Vergleichsdaten	27 %

Rund 70 Prozent der Pforzheimer Jugendlichen sagen, daß sie zu einer Clique gehören - ungefähr 30 Prozent sehen sich nicht als Mitglieder einer Clique. Dieser Anteil ist nur geringfügig höher als im gesamten Bundesgebiet (alte Bundesländer). Für 57 Prozent der Jugendlichen hat die Mitgliedschaft in einer Clique eine sehr große Bedeutung: Man trifft sich mehrmals in der Woche (32 Prozent) oder sogar täglich (25 Prozent).

Von den Jugendlichen, die Mitglied in einer Clique sind, sagen rund 50 Prozent, daß die Clique einen **festen Treffpunkt** hat:
* Für 13 Prozent wird der öffentliche Raum als Treffort genutzt: Straßen, Plätze, Parks.
* zwölf Prozent nennen Kinderreservate als Treffpunkte: Spielplätze, Schulhöfe.
* elf Prozent nennen einen Jugendtreff oder einen kirchlichen Treff als Treffpunkt für die Clique.
* neun Prozent treffen sich beim Sport: auf Sportplätzen oder im Sportverein.

* vier Prozent nennen Kneipen oder Cafés als Treffpunkte.
* zwei Prozent treffen sich in sonstigen Vereinen (keine Sportvereine).
* zwei Prozent nennen ihre Wohnung als Treffpunkt für die Clique.

Von den sozialen Merkmalen haben vor allem das Alter und die Nationalität einen spürbaren Einfluß auf die Mitgliedschaft in einer Clique:
* Der Tendenz nach steigt mit zunehmendem Alter der Anteil der Jugendlichen, die sich mehrmals pro Woche oder sogar täglich mit ihrer Clique treffen (12- bis 13jährige: 51 Prozent, 14- bis 15jährige: 64 Prozent, 16jährige und ältere: 62 Prozent).
* Ausländische Jugendliche sagen deutlich häufiger, daß sie keiner Clique angehören als Jugendliche mit deutscher Staatsangehörigkeit: 43 Prozent vs. 27 Prozent. Und ausländische Jugendliche gehören auch seltener einer Clique an, die sich mehrmals pro Woche oder täglich trifft: 45 Prozent vs. 61 Prozent der deutschen Jugendlichen.

Alle anderen sozialen Merkmale - Geschlecht, Familientyp, Ausbildung und Berufsposition der Eltern - haben keinen spürbaren Einfluß auf die Mitgliedschaft in einer Clique.

Kontaktressourcen: enge Beziehungen mit Gleichaltrigen und Cliquenmitgliedschaft

Die beiden Fragegruppen nach engen Kontakten mit Gleichaltrigen und nach der Mitgliedschaft in einer Clique lassen sich zu einem "Kontaktindex" zusammenfassen. Dieser Index gibt Auskunft über die folgenden Konstellationen (Abb. 15):

* **Keine Kontaktressourcen - isolierte Jugendliche:**
  Jugendliche, die weder einen Freund bzw.Partner haben, noch Mitglied in einer Clique sind, bzw. Mitglied einer Clique sind, die sich nur selten trifft. Nur drei Prozent der Pforzheimer Jugendlichen entsprechen diesem Typ.
* **Nur Mitglied in einer Clique - keine intensive Beziehung:**
  Jugendliche, die keinen Freund bzw. Partner haben, aber Mitglied in einer Clique sind, die sich mehrmals pro Woche oder täglich trifft. Diesem Typ entsprechen nur vier Prozent der Pforzheimer Jugendlichen.
* **Nur intensive Beziehung - kein Cliquenmitglied:**
  Jugendliche, die einen Freund bzw. Partner haben, aber nicht Mitglied einer

Clique sind, bzw. Mitglied in einer Clique sind, die sich nur selten trifft. Auf 40 Prozent der Pforzheimer Jugendlichen trifft diese Kontaktkonstellation zu.
* **Intensive Beziehungen und Cliquenmitglied:**
Jugendliche, die einen Freund bzw.Partner haben und auch Mitglied einer Clique sind, die sich mehrmals pro Woche oder täglich trifft. Das ist in Pforzheim eindeutig das häufigste Beziehungsmuster. 54 Prozent der Jugendlichen entsprechen diesem Typ.

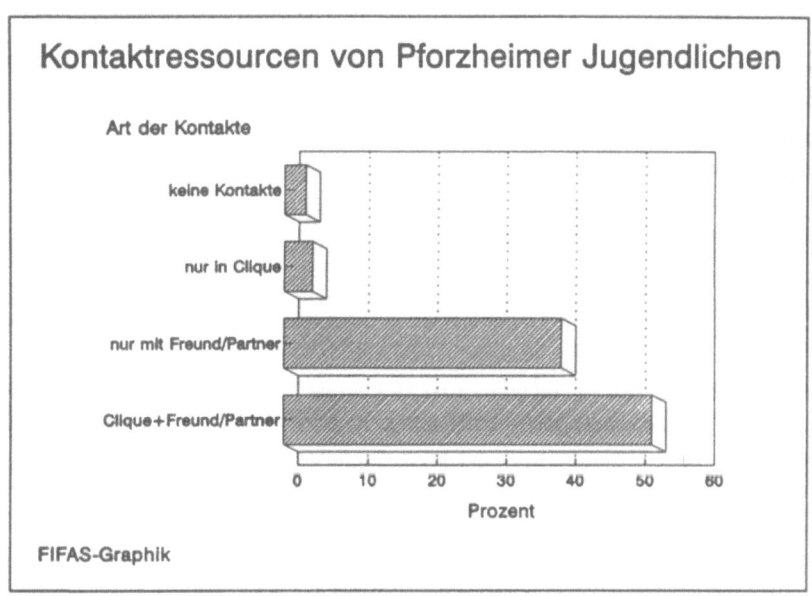

Abb. 15

Von den Pforzheimer Jugendlichen haben also die meisten - 54 Prozent - sowohl intensive als auch umfangreiche Kontakte: Sie haben einen "wirklichen" Freund, bzw. eine "wirkliche" Freundin oder einen "festen" Partner, eine "feste" Partnerin und sie gehören auch einer Clique an, die sich mehrmals in der Woche oder sogar täglich trifft.

Wirklich isolierte Jugendliche sind in Pforzheim selten. Dieses Ergebnis widerspricht der Annahme, daß der Trend zur Individualisierung und die zunehmende Bedeutung von Medien bei den Jugendlichen immer mehr auch zu einer Atomisierung und Vereinzelung führt.

Die sozialen Merkmale von Jugendlichen haben keinen sehr deutlichen Bezug zu den Kontaktchancen. Die Kontaktressourcen von Mädchen und Jungen unterscheiden sich kaum. Mit zunehmendem Alter ist jedoch - wie schon berichtet - eine deutliche Zunahme der Kontakte zu einem "festen" Partner/einer "festen" Partnerin beobachtbar. Der "wirkliche" Freund/die "wirkliche" Freundin verliert mit zunehmendem Alter aber nicht seine Bedeutung, er/sie wird in den meisten Fällen nur durch eine auch erotisch bedeutsame Beziehung "ergänzt".

Auf das Vorhandensein oder Fehlen von engen Beziehungen haben alle anderen Merkmale - der Familientyp, die Ausbildung, die Nationalität und der Berufsstatus der Eltern - keinen spürbaren Einfluß. Beachtenswert ist jedoch der Zusammenhang zwischen der **Staatsangehörigkeit** von Jugendlichen und der Cliquenmitgliedschaft. Die deutlich geringere Einbindung von ausländischen Jugendlichen in eine Clique läßt erkennen, daß es für Jugendliche mit nichtdeutscher Staatsangehörigkeit doch eine spürbare Beeinträchtigung der Kontaktchancen gibt.

5. Mitgliedschaften in Organisationen als Freizeitressourcen

Von den Pforzheimer Jugendlichen sind 58 Prozent Mitglied in einem Verein oder in einem Verband. Gegenüber 1979 hat sich nicht viel verändert und auch der Unterschied zu den Bundesdaten der Shell-Studie von 1991 ist geringfügig.

Tabelle 8: Mitgliedschaft in Vereinen

	Anteil der Jugendlichen, die Mitglied in Vereinen sind		
	Pforzheim 1994	Pforzheim 1979	Alte Bundesländer 1991 Shell-Jugendstudie 13- bis 18jährige
insgesamt	58%	61%	55%
Art der Vereine:			
Sportvereine	44%	41%	keine Vergleichsdaten
Kirchliche Gruppen	5%	18%	keine Vergleichsdaten
sonstige Vereine	6%	15%	keine Vergleichsdaten

Mit weitem Abstand sind die **Sportvereine** die wichtigsten Organisationen für Jugendliche. 44 Prozent der Jugendlichen sind Mitglied in einem Sportverein. Bei den Sportvereinen wurden die folgenden Sportarten genannt:
* Fußball (acht Prozent aller Jugendlichen)
* Tennis/Tischtennis (acht Prozent)

* Turnen (sechs Prozent)
* Kampfsport (vier Prozent)
* Schwimmen (drei Prozent)
* Tanzen (drei Prozent)
* Ski (zwei Prozent)
* Reiten (zwei Prozent)
* Basketball (zwei Prozent)
* Handball (ein Prozent)
* Leichtathletik (ein Prozent)
* mit weniger als ein Prozent:
  Volleyball, Golf, Hockey, Federball, Rudern/Segeln, Motorsport, Schach

Nach den Sportvereinen folgen mit deutlichem Abstand an zweiter Stelle die **kirchlichen Gruppen und Organisationen** (fünf Prozent). In **musischen Vereinen** und in **Naturvereinen** sind jeweils rund vier Prozent der Jugendlichen, in **sozialen Organisationen** (u.a. AWO, THW) nur zwei Prozent.

Die Pforzheimer Ergebnisse widerlegen eine Annahme über die Wechselwirkungen zwischen der Mitgliedschaft in informellen Gruppen (Cliquen) und formalen Mitgliedschaften (Vereine, Verbände). Nach dieser Vermutung werden die Beziehungen in informellen Gruppen für Jugendliche immer wichtiger und parallel dazu nimmt die Bereitschaft, sich einer Organisation anzuschließen ab. Der erste Teil dieser Vermutung ist sicher zutreffend: Cliquen sind für Jugendliche in der Tat von überaus großer Bedeutung. Der zweite Teil der Annahme kann aber nicht bestätigt werden. Es ist sogar so, daß unter den Cliquenmitgliedern der Anteil der Vereinsmitglieder deutlich höher ist als bei den Jugendlichen, die keiner Clique angehören (63 Prozent vs. 47 Prozent).

Die Ergebnisse der Pforzheimer Studie bestätigen allerdings einen Trend, der auch in anderen Untersuchungen beobachtet wurde: Organisationen mit weltanschaulicher, politischer oder religiöser Zielsetzung spielen kaum noch eine Rolle. Gegenüber 1979 hat der Anteil der Jugendlichen, die in derartigen Organisationen Mitglied sind, deutlich abgenommen. Jugendliche zeigen bei der Entscheidung zu einem Verein oder einer Organisation immer mehr eine "demonstrative Gebrauchswertorientierung" und ein "dienstleistungsorientiertes Mitgliedschaftsverständnis".[13] Nur solche Organisationen oder Vereine sind attraktiv, die interessante Angebote machen und die Möglichkeiten zur Freizeitgestaltung erweitern.

Von den sozialen Merkmalen haben vor allem das Geschlecht, das Alter, die Ausbildung und die Berufsposition der Eltern einen Einfluß auf die Vereinsmitgliedschaft:

* Jungen sind häufiger Mitglied in einem Verein als Mädchen (67 Prozent vs. 48 Prozent)
* Mit zunehmendem Alter nimmt der Anteil der Vereinsmitglieder ab - von 64 Prozent bei den 12- und 13jährigen auf nur noch 49 Prozent bei den 16jährigen und älteren Jugendlichen.
* Von den Hauptschülern sind nur 37 Prozent Mitglied in einem Verein, von den Realschülern 62 Prozent und von den Gymnasiasten 73 Prozent.
* Je höher die Berufsposition der Eltern ist, desto höher ist der Anteil von Jugendlichen, die in einem Verein sind. Von den Arbeiterkindern sind nur 42 Prozent Mitglied in einem Verein. Der Anteil der Vereinsmitglieder steigt kontinuierlich mit zunehmendem sozialen Status der Eltern und ist bei Jugendlichen mit Eltern in leitenden Positionen mit 69 Prozent am höchsten.

Dieses Einflußmuster gilt für die Vereinsmitgliedschaft allgemein und mit geringen Modifikationen auch für die Mitgliedschaft in einem Sportverein. Einfüsse von sozialen Merkmalen auf die Mitgliedschaft in anderen Vereinsarten lassen sich kaum ermitteln, da die Häufigkeiten zu gering sind. Lediglich die folgenden Tendenzen sind relativ deutlich:

* Mitgliedschaft in kirchlichen Organisationen: Mädchen sind etwas häufiger Mitglieder als Jungen; Jugendliche mit nichtdeutscher Staatsangehörigkeit erheblich seltener als deutsche Jugendliche.
* Mitgliedschaft in musischen Vereinen und in naturverbundenen Vereinen: Jugendliche mit ausländischer Staatsangehörigkeit sind deutlich seltener Mitglied als deutsche Jugendliche.

---

[13] H.-H. Krüger, W. Thole: Jugend, Freizeit und Medien, in: H.H.Krüger (Hg.), Handbuch der Jugendforschung, Opladen 1993, S. 464

6. Freiheiten als Freizeitressourcen

In welchem Umfang und in welcher Weise die freie Zeit genutzt werden kann, hängt auch ganz erheblich von den Freiheiten ab, über die Jugendliche verfügen können. Die in Pforzheim befragten Jugendlichen sind zum Teil noch nicht volljährig. Freiheiten und Einschränkungen, hängen deshalb zu einem großen Teil von elterlichen Verboten oder Genehmigungen ab. Ein guter Indikator für das Ausmaß an Freiheiten ist die Regelung des abendlichen Ausgangs. Dazu wurden die folgenden Fragen gestellt:

> Frage 33: Darfst Du die Woche über abends ausgehen?
> Wenn jemand mit "ja" geantwortet hat, wurde nachgefragt:
> * Solange Du willst oder nur bis zu einer bestimmten Zeit?
> Bei Zeitbeschränkungen wurde gefragt, wann jemand wieder zuhause sein muß.
> * Allein oder in Begleitung?
>
> Frage 34: Und wie ist das am Wochenende? Darfst Du da abends ausgehen?
> Es wurden die gleichen Ergänzungsfragen wie bei Frage 33 gestellt.

Die Antworten auf diese Fragen wurden in der folgenden Weise kategorisiert:
0 = kein Abendausgang erlaubt
1 = Abendausgang mit Begleitung und mit Zeitbeschränkung bis 20 Uhr
2 = Abendausgang ohne Begleitung, aber mit Zeitbeschränkung bis 20 Uhr
3 = Abendausgang mit Begleitung, aber ohne Zeitbeschränkung
4 = Abendausgang ohne Begleitung und ohne Zeitbeschränkung

Die Fragen zu den Wochentagen und zum Wochenende wurden zu einem "Freiheitenindex" zusammengefaßt, um einen Indikator für das Ausmaß an Freiheiten zu erhalten:
0 = sehr wenig Freiheiten: kein Abendausgang oder eingeschränkter Abendausgang
1 = begrenzte Freiheiten: entweder an Wochentagen oder am Wochenende unbegrenzter Ausgang
2 = viele Freiheiten: an Wochentagen **und** am Wochenende unbegrenzter Ausgang

Welche Freiheiten haben Jugendliche nun, wenn es um den abendlichen Ausgang geht? Welche Beschränkungen werden ihnen von ihren Eltern auferlegt?

Unter der Woche gibt es für rund ein Drittel der Jugendlichen (31 Prozent) keine Beschränkungen: sie können ohne Begleitung ausgehen und brauchen sich nicht an eine bestimmte Zeit zu halten. Für ein weiteres Drittel (37 Prozent) gibt es verschiedene Einschränkungen: mit Begleitung und nur bis 20 Uhr (drei Prozent), mit Begleitung und ohne Zeitbeschränkung (31 Prozent), ohne Begleitung und mit

Zeitbeschränkung (drei Prozent). Ein Drittel der Jugendlichen kann an Wochentagen abends überhaupt nicht ausgehen (32 Prozent). Am **Wochenende** sind die Regeln weniger streng als unter der Woche. 35 Prozent haben freien Ausgang. Und nur 16 Prozent können am Abend überhaupt nichts unternehmen.

Tabelle 9: Freiheiten - Regelung des Ausgangs

	Freiheiten von Jugendlichen - Ausgangsregelung	
	Pforzheim 1994	Pforzheim 1979
Wochentags:		
kein Ausgang	32%	30%
begrenzter Ausgang	37%	49%
unbegrenzter Ausgang	31%	21%
Wochenende:		
kein Ausgang	16%	23%
begrenzter Ausgang	49%	46%
unbegrenzter Ausgang	35%	31%

Anmerkung: Der Vergleich zwischen den beiden Untersuchungen ist nur bedingt möglich. In der 79er-Studie wurde nur nach der zeitlichen Begrenzung gefragt und nicht danach, ob ein Jugendlicher mit oder ohne Begleitung ausgehen darf. Für den Vergleich wurden die zeitlichen Kategorien "nie" und "selten" zusammengefaßt. Ein Vergleich mit der Shell-Studie ist nicht möglich, da Vergleichsdaten fehlen.

Der Tendenz nach haben die Freiheiten gegenüber 1979 etwas zugenommen. Es gibt mehr Jugendliche mit "unbegrenztem Ausgang" und zumindest am Wochenende ist der Anteil derjenigen, die keinen Ausgang haben, deutlich geringer als 1979.

Die Einschränkung von Freiheiten variiert erwartungsgemäß mit dem Alter: Der Zugewinn an Freiheiten mit zunehmendem Alter ist beträchtlich. Aber diese Entwicklung ist für Jungen und Mädchen sehr unterschiedlich. Mädchen sind grundsätzlich sehr viel mehr Regelungen und Einschränkungen unterworfen und der Unterschied zwischen Jungen und Mädchen wird mit zunehmendem Alter größer. Die Mädchen sind zwar mit steigendem Alter weniger Einschränkungen ausgesetzt, aber der Zugewinn an Freiheiten ist deutlich geringer als bei den Jungen. (Abb. 16)

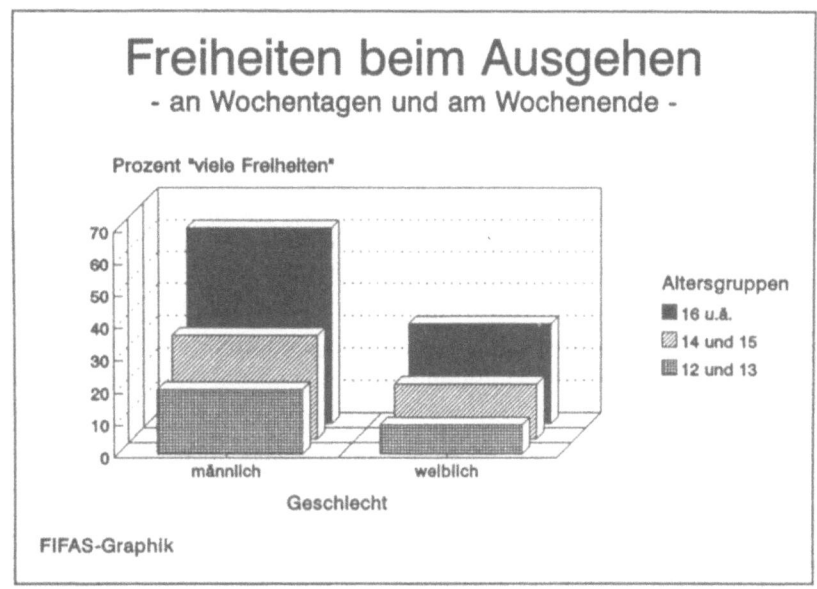

Abb. 16

Bei den 12- und 13jährigen haben nur neun Prozent der Mädchen unbegrenzten Ausgang an Wochentagen und am Wochenende. Bei den Jungen können in dieser Altersgruppe immerhin schon 20 Prozent über "unbegrenzte" Freiheiten verfügen. Dieser Unterschied zwischen Jungen und Mädchen ist beachtlich und wird mit zunehmendem Alter noch größer: von den älteren Mädchen (16 Jahre und älter) haben rund 30 Prozent unbegrenzten Ausgang, von den älteren Jungen dagegen rund 60 Prozent.

Gegenüber dem Alter und dem Geschlecht als dominante Faktoren für das Ausmaß an Freiheiten haben alle anderen Merkmale der sozialen Situation keine große Bedeutung mehr. Jugendliche mit ausländischer Staatsangehörigkeit sind etwas stärker Einschränkungen unterworfen als deutsche Jugendliche. Der Tendenz nach nehmen die von Eltern gewährten Freiheiten mit zunehmendem sozialen Status der Eltern ab. Diese Zusammenhänge sind allerdings kaum signifikant und die Unterschiede sind nicht sehr deutlich. Wenn alle anderen Merkmale kontrolliert werden, ist für die Familiensituation und den besuchten Schultyp kein zusätzlicher Einfluß auf das Ausmaß an Regelungen und Einschränkungen nachweisbar.

IV. Eine erste Zwischenbilanz: Lebenssituation von Jugendlichen - soziale und jugendkulturelle Privilegien

Die Ergebnisse der Kapitel II und III legen es nahe, die Situation von Jugendlichen in einem dreidimensionalen "Ressourcenraum" darzustellen. Ein solcher Raum würde die sozialen und ökologischen Ressourcen von Jugendlichen abbilden und könnte die folgenden Dimensionen haben (Abb. 17):

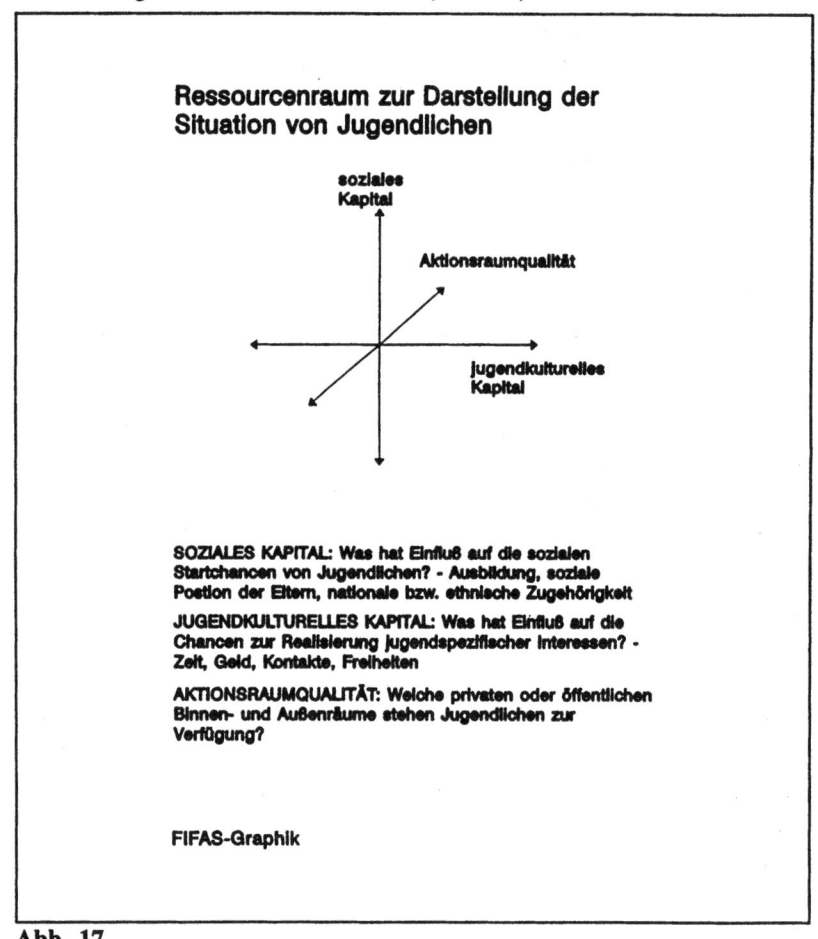

Abb. 17

* Auf der **sozialen Dimension** werden Bedingungen zusammengefaßt, die von großer Bedeutung für die sozialen Startchancen von Jugendlichen sind. Das sind

in erster Linie die Schul- bzw. Berufsausbildung, die sozialen Positionen der Eltern und die Staatsangehörigkeit bzw. die ethnische Zugehörigkeit. Diese Bedingungen lassen sich zusammenfassen und können als das "**soziale Kapital**" von Jugendlichen bezeichnet werden.[14] Der Begriff "Kapital" ist durchaus sinnvoll, denn er verweist darauf, daß die damit bezeichneten sozialen Güter auch einsetzbar sind, sich investieren lassen und einen Profit abwerfen können.

* Von großer Bedeutung für den Alltag von Jugendlichen sind aber auch die Bedingungen, die in Kapitel III unter dem Stichwort "**Freizeitressourcen**" untersucht wurden. Das sind Ressourcen, die sich zur Gestaltung der Freizeit einsetzen lassen und einen spezifischen Bezug zu den Wünschen, Interessen und Bedürfnissen von Jugendlichen haben. Sie können ihre Verwirklichung eher fördern oder behindern. Sie lassen sich ganz ähnlich wie das "soziale Kapital" einsetzen und investieren. Wir schlagen deshalb den Begriff "**jugendkulturelles Kapital**" vor. Damit ist insbesondere die Verfügbarkeit über die Ressourcen Zeit, Geld, Kontakte und Freiheiten gemeint.

* Die Situation von Jugendlichen hängt aber auch von **ökologischen Bedingungen** ab: von der Verfügbarkeit über nutzbare Räume: private und/oder öffentliche Binnenräume sowie private und/oder öffentliche Außenräume. Der Zugang zu solchen **Aktionsräumen** wurde in Abschnitt 3.2 von Kapitel III untersucht. Die Fragestellung und Anlage der Pforzheimer Studie ermöglicht es leider nicht, weiter auf diese Bedingungen einzugehen. Um die Umweltaspekte der Situation von Jugendlichen zu erforschen, wären ethnographische und ökologische Forschungen im Wohnumfeld der Jugendlichen erforderlich gewesen wie sie z.B. im Rahmen der Freiburger Kinderstudie durchgeführt wurden.

Im folgenden wollen wir versuchen, die Lebenssituation von Jugendlichen auf den beiden Dimensionen "soziales Kapital" und "jugendkulturelles Kapital" zu be-

---

[14] Der Begriff stammt von Pierre Bourdieu: Die feinen Unterschiede, Kritik der gesellschaftlichen Urteilskraft, Frankfurt 1989. Wer Bourdieu kennt, wird sofort sehen, daß wir den Begriff etwas anders verwenden. Auf wichtige Unterschiede muß nicht hingewiesen werden: die Analysen von Bourdieu dienen einem anderen Zweck und natürlich erreichen unsere Analysen auch nicht annähernd den Differenziertheitsgrad der "feinen Unterschiede".
Ein ähnlicher Vorschlag wie der von uns wurde von Jürgen Zinnecker vorgelegt: J. Zinnecker, Jugend im Raum gesellschaftlicher Klassen, in: W. Heitmeyer (Hg.), Interdisziplinäre Jugendforschung, Weinheim/München 1986, S. 99-132. Zinnecker bezieht sich mit seinem "Kapitalbegriff" allerdings sehr viel stärker auf die Situation der Herkunftsfamilie von Jugendlichen. Diesen Aspekt haben wir zusammen mit der Ausbildung von Jugendlichen im "sozialen Kapital" berücksichtigt. Uns erschien es wichtig, zusätzlich die Freizeitressourcen von Jugendlichen unter dem Stichwort "jugendkulturelles Kapital" zu erfassen.

schreiben. Die folgenden Fragen sollen dabei beantwortet werden:
* **Frage 1:** Sind "soziales Kapital" und "jugendkulturelles Kapital" zwei Dimensionen, die unabhängig voneinander sind oder stehen sie in einer Beziehung zueinander?
* **Frage 2:** Gibt es eine geschlechtsspezifische Verteilung der beiden Kapitalarten? Wie verändert sich die Position auf den beiden Ungleichheitsdimensionen mit zunehmendem Alter?
* **Frage 3:** Wie sind "soziales Kapital" und "jugendkulturelles Kapital" in Pforzheim verteilt?

Die Messung von "sozialem Kapital" und "jugendkulturellem Kapital"
Wir haben zwei Indices entwickelt, mit denen sich die Verfügbarkeit über diese beiden "Kapitalarten" beschreiben läßt.

"Soziales Kapital"
In den Index "soziales Kapital" gehen die Informationen über die Schulbildung des Jugendlichen, über die Berufsposition der Eltern und die Staatsangehörigkeit ein. Dazu wurde mit den dummy-Variablen der Merkmale eine Faktorenanalyse durchgeführt. Die Indexwerte wurden über eine Hauptkomponentenanalyse bestimmt.[15] Der Index wurde unter Berücksichtigung von Standardabweichung und Mittelwert in Kategorien zusammengefaßt, die eine Aussage über die Position eines Jugendlichen zum Durchschnitt in Pforzheim ermöglichen.

"Jugendkulturelles Kapital"
Der Index "jugendkulturelles Kapital" berücksichtigt, ob jemand überdurchschnittlich viel Geld, Zeit und Freiheiten zur Verfügung hat und Mitglied in einer Clique ist. Auch für diesen Index wurden die Werte durch eine Faktorenanalyse berechnet und unter Berücksichtigung von Standardabweichung und Mittelwert in Kategorien zusammengefaßt[16]

---

[15] Die Faktorenanalyse wurde mit dummy-Variablen für die Ausbildungskategorien, für die Kategorien der Variablen Berufsposition der Eltern und Staatsangehörigkeit durchgeführt. Die über die Hauptkomponente erreichte Varianzaufklärung liegt bei 36 Prozent. Die Faktorwerte wurden so umgerechnet, daß der Mittelwert 100 und die Standardabweichung 50 ist.

[16] Die Indexwerte sind die Scores für eine einfaktorielle Faktorlösung mit einer Varianzaufklärung von 32 Prozent. Die Faktorwerte wurden in den Bereich Mittelwert=100 - Standardabweichung=50 transformiert.

Ergebnisse zu Frage 1: zwei voneinander unabhängige Dimensionen der Ungleichheit

Die Auswertungen zeigen, daß diese beiden Dimensionen der Ungleichheit weitgehend unabhängig voneinander sind. Die Korrelation zwischen ihnen ist Null (r=0.04). Auf der Grundlage von "sozialem Kapital" läßt sich nicht vorhersagen, in welchem Umfang ein Jugendlicher über "jugendkulturelles Kapital" verfügt. Damit ist gezeigt, daß es sich hier um zwei jeweils eigenständige Aspekte der Ungleichheit in der Lebenssituation von Jugendlichen handelt.

Ergebnisse zu Frage 2: alters- und geschlechtsspezifische Verteilung von sozialem und jugendkulturellem Kapital

Erwartungsgemäß läßt sich der **Umfang des sozialen Kapitals** nicht durch das Alter und durch das Geschlecht der Jugendlichen erklären (Korrelationen: Alter-soziales Kapital = 0.07; Geschlecht-soziales Kapital = 0.09). Die Entscheidung zu einer Schullaufbahn wurde bereits vor dem hier berücksichtigten Alter gefällt. Die Analysen in Kapitel II haben auch schon gezeigt, daß es keine geschlechtsspezifische Verteilung von Ausbildungschancen gibt und natürlich hat der soziale Status der Eltern keine Beziehung zum Alter und Geschlecht der Jugendlichen. Das soziale Kapital von Jugendlichen - ihre sozialen Startchancen - sind weitgehend festgelegt, zumindest in dem hier betrachteten Altersbereich von 12 bis 18 Jahren. In diesem Zeitraum kann sich die Verfügbarkeit über soziale Ressourcen kaum ändern.

Das ist anders beim **jugendkulturellem Kapital**, das gewissermaßen eine transitorische Größe ist und in hohem Maße vom Alter abhängt (Abb. 18). Mit zunehmendem Alter erweitert sich die Verfügbarkeit über Ressourcen, die für die Freizeitgestaltung von Jugendlichen bedeutsam sind. Das gilt besonders für Geld, Kontakte und Freiheiten.

Auch das Geschlecht spielt bei dieser Entwicklung eine große Rolle. Mit zunehmendem Alter steigt das Niveau von jugendkulturellem Kapital bei Jungen und bei Mädchen. Aber bei den Jungen wächst es ab 16 Jahren fast "exponentiell", während der Zugewinn bei den Mädchen eher bescheiden bleibt. Die Analysen in Kapitel III haben gezeigt, daß dieser nur geringe Zuwachs an Ressourcen vor allem durch die gegenüber Jungen deutlich geringere frei verfügbare Zeit und das erheblich geringere Maß an Freiheiten zu erklären ist. Im Endeffekt führt das zu dem

Ergebnis, daß Mädchen deutlich weniger Möglichkeiten haben, ihre Freizeit in einer jugendkulturspezifischen Weise zu gestalten.

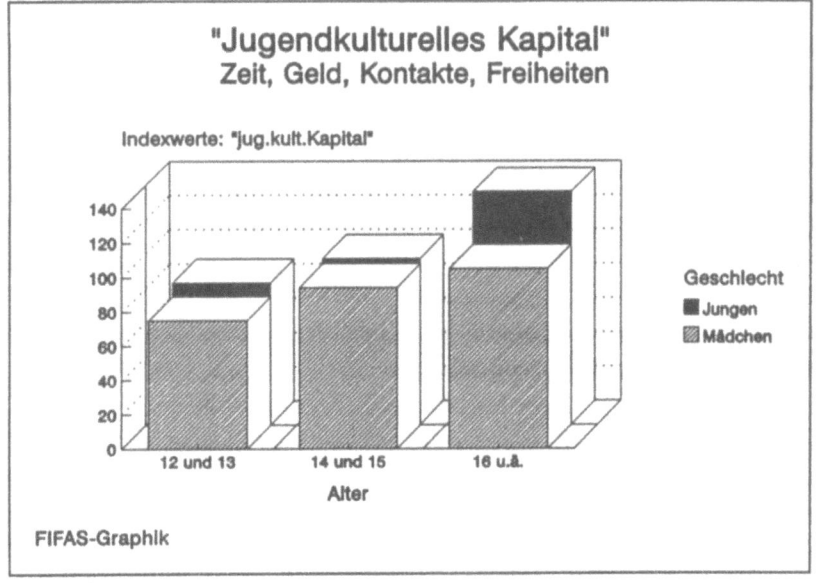

Abb. 18

Ergebnisse zu Frage 3: Verteilung von sozialem und jugendkulturellem Kapital im Stadtgebiet von Pforzheim

Für die Jugendlichen in Pforzheim in der Altersgruppe von 12 bis unter 18 Jahren ergibt sich die folgende Verteilung (vgl. Abb. 19 und Tabelle 10):

* **Typ 1: Privilegierte Jugendliche**
  Diese Jugendlichen haben ein hohes soziales und jugendkulturelles Kapital. Ihr Anteil in der Altersgruppe der 12 bis 18jährigen beträgt zehn bis 15 Prozent. Diese Jugendlichen haben sehr gute soziale Startchancen. Fast alle besuchen ein Gymnasium und ihre Eltern sind überwiegend in gehobenen und leitenden Positionen tätig. Diese Gruppe von Jugendlichen kann auch in hohem Maße über Freizeitressourcen verfügen. Fast alle sind Mitglied in einer Clique, sie haben überdurchschnittlich viel Geld und Zeit zur Verfügung, und sie können weitgehend autonom über ihre Zeit disponieren.

* **Typ 2: benachteiligte Jugendliche**
Jugendliche, die diesem Typ entsprechen, bilden den Gegenpol zu Typ 1. Sie haben ein niedriges soziales und jugendkulturelles Kapital. Ihr Anteil an der hier untersuchten Altersgruppe beträgt 15 bis 20 Prozent. Diese Jugendlichen haben ungünstige soziale Startchancen. Sie gehen überwiegend auf eine Hauptschule, die Eltern sind in Arbeiterberufen tätig oder in unteren Angestellten- und Beamtenpositionen. Im Vergleich zum Durchschnitt können diese Jugendlichen auch nur in geringem Umfang über Freizeitressourcen verfügen. Sie haben eher weniger Kontakte zu anderen Jugendlichen als der Durchschnitt, sie haben weniger Zeit und weniger Geld, und sie können nur sehr eingeschränkt über ihre Zeit disponieren.

* **Typ 3: durchschnittliche Verhältnisse**
Jugendliche in durchschnittlichen Verhältnissen sind mit 40 bis 50 Prozent die größte Gruppe der 12- bis unter 18jährigen. Die sozialen Startchancen sind durchschnittlich bis gut. Viele nehmen an einer Ausbildung teil, die zu einem mittleren Abschluß führt. Die Eltern üben meistens eine mittlere Berufsposition aus. Auch Jugendliche, die ein Gymnasium besuchen und deren Eltern in unteren Berufspositionen tätig sind, sind in dieser Gruppe. Die Freizeitressourcen Zeit, Geld, Kontakte und Freiheiten entsprechen dem Durchschnitt.

* **Typ 4: jugendkulturell privilegierte, aber sozial benachteiligte Jugendliche**
Diese Jugendlichen können in hohem Maße über Freizeitressourcen verfügen, aber ihre sozialen Startchancen sind ungünstig. Sie haben viel Zeit, für die Verhältnisse von Jugendlichen relativ viel Geld, sie sind Mitglied in Cliquen und haben viele Freiheiten. Sie besuchen überwiegend eine Hauptschule oder haben einen Hauptschulabschluß. Ihre Eltern sind eher in unteren Berufspositionen tätig. Der Anteil dieser Jugendlichen beträgt rund 10 Prozent. Bei "normaler" altersgemäßer Entwicklung kann damit gerechnet werden, daß vor allem die benachteiligten Jugendlichen (Typ 2) sich in diese Richtung bewegen: Die jugendkulturell bedeutsamen Ressourcen verändern sich mit dem Alter. Die Jugendlichen können mit zunehmendem Alter über mehr Freiheiten und über mehr Geld verfügen, auch ihre Kontaktchancen weiten sich im allgemeinen aus. Was sich jedoch nicht - oder nur unwesentlich - ändert, sind die sozialen Startchancen.

* **Typ 5: sozial privilegierte aber jugendkulturell benachteiligte Jugendliche**
Diese Jugendlichen haben sehr gute soziale Startchancen, aber sie können nur in geringem Umfang über Freizeitressourcen verfügen. Ihr Anteil an der Gruppe der 12- bis 18jährigen beträgt rund 15 Prozent. Bei "normaler" altersgemäßer

Entwicklung bewegt sich die Situation dieser Jugendlichen in Richtung auf den Typ "privilegierte Jugendliche" (Typ 1): Ihre Startchancen werden sich im allgemeinen kaum verschlechtern, aber im Durchschnitt werden sich ihre Freiheiten und Kontaktchancen erweitern und auch ihre Möglichkeit, über Geldmittel zu verfügen.

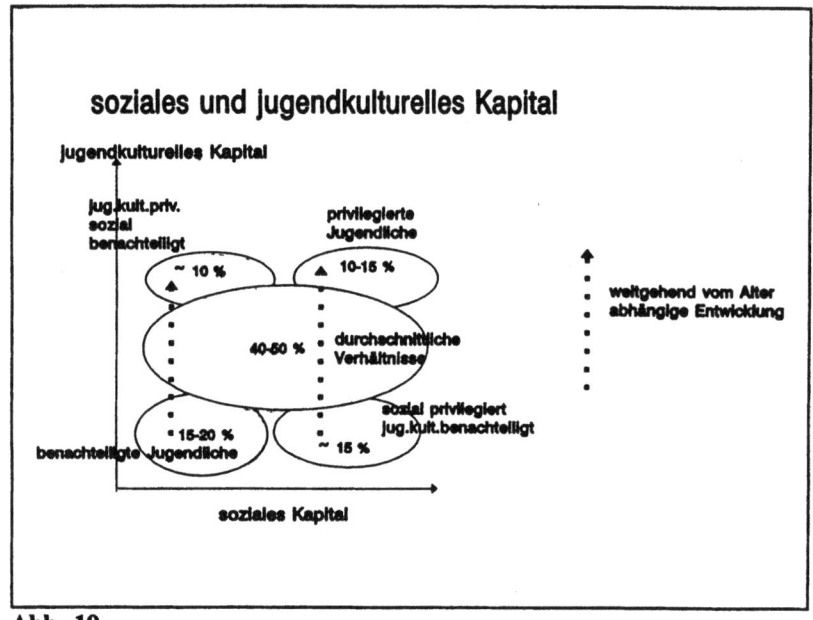

Abb. 19

Tabelle 10: Kombinationen von sozialem und jugendkulturellem Kapital (Angaben in Prozent)

	Typen als Kombinationen von sozialem und jugendkulturellem Kapital					insgesamt
	Typ1: privilegierte Jugendliche	Typ2: benachteiligte Jugendliche	Typ3: durchschnittliche Verhältnisse	Typ 4: sozial benachteiligt, jug.kult.-priv.	Typ 5: sozial privil., jug. kult.benacht.	
sozialer Hintergrund (Merkmale für soziales Kapital)						
Schule						
Haupt-/Förderschule	0	81	27	81	0	35
Realschule/Gymnasium	100	19	63	19	100	65
Berufsposition d.Eltern						
Arbeiter/Facharbeiter/unt.Angest./Beamte	23	100	73	100	19	65
gehobene und leitende Pos.	77	0	27	0	81	35
ausländ. Staatsangehörigkeit	3	49	20	39	4	22
Freizeitressourcen (Merkmale für jugendkulturelles Kapital)						
Mitglied in einer Clique	92	43	73	94	53	69
überdurchschnittlich viel freie Zeit	47	10	40	59	9	67
überdurchschnittlich viel Geld	66	17	41	66	13	62
unbegrenzte Ausgehmöglichkeiten	82	0	23	85	0	29
Anzahl (100 %)	74	102	257	65	93	591

Soziales und jugendkulturelles Kapital in verschiedenen Stadtgebieten

Soziales und jugendkulturelles Kapital und auch die gerade beschriebenen Typen sind im Stadtgebiet ungleich verteilt. Die beiden Dimensionen zur Beschreibung von Ungleichheiten unter Jugendlichen lassen sich auch verwenden, um eine Typologie der Stadtgebiete zu bilden, die vielleicht interessante Hinweise für eine raumbezogene Jugendhilfeplanung geben kann (Abb. 20).

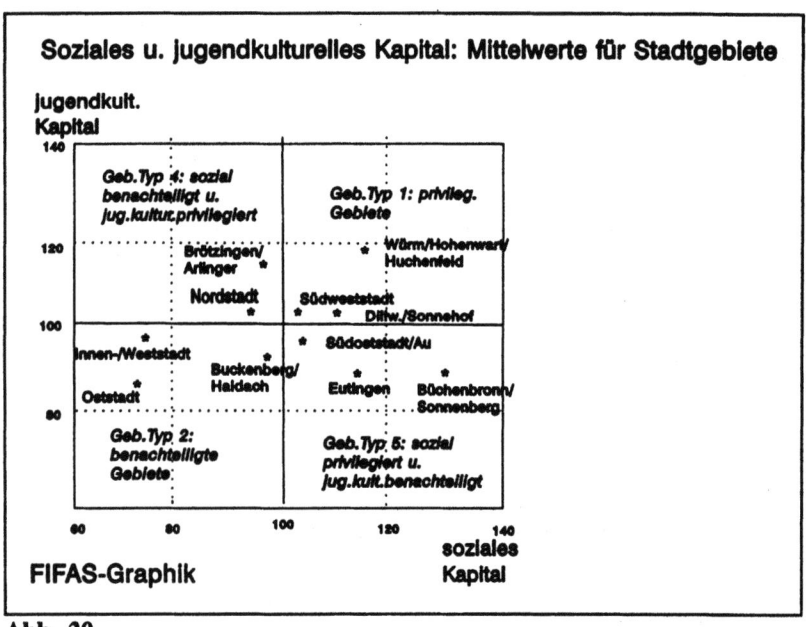

Abb. 20

Gebietstyp 1: Privilegierte Gebiete

Privilegierte Gebiete sind Stadtgebiete, in denen die Jugendlichen relativ hohe Werte sowohl auf der Dimension "soziales Kapital" wie auch auf der Dimension "jugendkulturelles Kapital" haben. Sie sind sowohl in sozialer wie auch in jugendkultureller Hinsicht privilegiert. Neben guten sozialen Startchancen und einer Herkunft aus gehobenem sozialem Milieu verfügen diese Jugendlichen auch in relativ hohem Umfang über die Freizeitressourcen Geld, Zeit, Kontakte und Freiheiten. Zu diesem Typ ist am ehesten das Gebiet Würm/Hohenwart/Huchenfeld zu rechnen.

Gebietstyp 2: Benachteiligte Gebiete
In benachteiligten Gebieten ist sowohl das durchschnittliche "soziale Kapital" als auch das "jugendkulturelle Kapital" relativ niedrig. Ein ausgesprochen benachteiligtes Gebiet in diesem Sinne ist die Oststadt. Relativ viele Jugendliche sind sowohl in sozialer Hinsicht benachteiligt, aber auch im Hinblick auf Freizeitressourcen.

Zu diesem Typ der doppelten Benachteiligung läßt sich - mit Abstrichen - auch das Gebiet Innen-/Weststadt rechnen. Die soziale Benachteiligung ist stark ausgeprägt -die Verfügbarkeit über jugendkulturelle Freizeitressourcen ist jedoch nur leicht unterdurchschnittlich.

Gebietstyp 3: durchschnittliche Verhältnisse
Gebiete mit durchschnittlichen Verhältnissen in Hinblick auf beide Ungleichheitsdimensionen sind die Nordstadt, die Südweststadt, Südoststadt/Au und Buckenberg/Haidach.

Gebietstyp 4: niedriges soziales Kapital und hohes jugendkulturelles Kapital
Diesem Typ entspricht am ehesten das Stadtgebiet Brötzingen/Arlinger. Ein relativ hoher Anteil der Jugendlichen (41 Prozent) besucht die Hauptschule. Diesen eher weniger guten Startchancen steht aber in überdurchschnittlich hohem Maße die Verfügbarkeit über jugendkulturelle Ressourcen gegenüber. Der Anteil der Jugendlichen mit viel Freiheiten beim Ausgehen ist deutlich höher als im Stadtgebiet insgesamt (48 Prozent gegenüber 29 Prozent im Durchschnitt).

Gebietstyp 5: hohes soziales Kapital und niedriges jugendkulturelles Kapital
Ein solches Gebiet bildet der Stadtteil Büchenbronn/Sonnenberg. Etwas weniger deutlich entspricht der Stadtteil Eutingen diesem Typ. Die Jugendlichen in diesen Gebieten haben überdurchschnittlich gute soziale Startchancen: viele gehen auf ein Gymnasium und haben Eltern in gehobenen und leitenden Positionen. Andererseits können diese Jugendlichen aber nur unterdurchschnittlich über jugendkulturelle Ressourcen verfügen. Besonders im Hinblick auf Freiheiten sind sie im Vergleich zum Durchschnitt in Pforzheim deutlich unterprivilegiert.

V. FREIZEITBESCHÄFTIGUNGEN und FREIZEITINTERESSEN von Jugendlichen

Wie verbringen Jugendliche ihre Freizeit? Welchen Interessen wollen sie nachgehen? Was würden sie gerne mehr tun, wenn sie die Möglichkeit dazu hätten? Was vermissen sie in Pforzheim? Das sind Fragen, die in diesem Kapitel untersucht werden. Wir bearbeiten diesen sehr umfangreichen Fragenkomplex so, daß nicht so sehr Einzeltätigkeiten im Vordergrund stehen, sondern eher Schwerpunkte und Strukturen erkennbar werden. Bei unserer Darstellung und Interpretation werden auch die Ergebnisse der vorangehenden Abschnitte berücksichtigt. Es wird insbesondere untersucht, ob und wie die Freizeitpräferenzen und -beschäftigungen von Jugendlichen mit der sozialen Situation zusammenhängen.

1. Anmerkungen zur Methode

Seit den 50er Jahren wurden immer wieder repräsentativ angelegte Untersuchungen durchgeführt, um herauszufinden, was Jugendliche in ihrer Freizeit tun.[17] Trotz des enormen Forschungsaufwands über Jahre hinweg gibt es keine verläßlichen Informationen über Kontinuitäten und Veränderungen. Auch Vergleiche zwischen der Pforzheimer Studie und anderen Untersuchungen sind kaum möglich. Die Gründe für diesen Mangel sind in den Forschungsmethoden zu sehen. Freizeitaktivitäten wurden entweder mit geschlossenen Fragen ermittelt - das sind Fragen mit vorgegebenen Antwortkategorien, von denen meistens mehrere gewählt werden können - oder mit offenen Fragen - das sind Fragen, bei denen beliebige Antworten möglich sind, die erst im nachhinein verschlüsselt werden.

Bei den geschlossenen Fragen gibt es das Problem, daß die Antwortvorgaben im Laufe der Jahre nicht konstant geblieben sind. Das wäre auch nicht sehr sinnvoll gewesen, da sich die Freizeittätigkeiten von Jugendlichen und auch ihre Möglichkeiten geändert haben. Es gibt Tätigkeiten, die erst seit kurzem zur Verfügung stehen (z.B. Computerspiele). Bestimmte Aktivitäten besitzen aufgrund von Veränderungen im Bereich der Jugendkultur einen neuen Aktualitätswert und werden auch anders bezeichnet als in der Vergangenheit (z.B. "Streetball"). Für andere Aktivitäten ist aufgrund neuerer Entwicklungen eine ganz andere Differenzierung erforderlich (z.B. ist "Fernsehen" als Tätigkeitsvorgabe kaum noch sinnvoll). Der Bedeutungsumfang von Antwortvorgaben ist in den einzelnen Untersuchungen auch sehr unterschiedlich: z.B. wird einmal "Sport" vorgegeben, in anderen Studien wiederum werden verschiedene Sportarten vorgelegt. Auch die Vorgaben zur Bewertung der vorgelegten Tätigkeitskategorien durch die befragten Jugendlichen sind so unterschiedlich, daß Vergleiche kaum möglich sind. Praktiziert wurde u.a.:
* Auswahl beliebig vieler Vorgaben,
* Vorgabe von ganz unterschiedlichen Auswahlkriterien: z.B. "häufige Tätigkeiten", "wichtige Tätigkeiten", "liebste Tätigkeiten".
* Bewertung der Vorgaben mit einer Skala ("sehr wichtig"..."völlig unwichtig"),
* Auswahl der drei wichtigsten Tätigkeiten,
* Vorgabe von Kärtchen mit Tätigkeitsbeschreibungen, die sortiert und bewertet werden sollen.

---

[17] Einen guten Überblick geben H.-H. Krüger, W. Thole: Jugend, Freizeit und Medien, in: H.H. Krüger (Hg.): Handbuch der Jugendforschung, Opladen 1993, 447-472

Bei offenen Fragen sind die Ergebnisse verschiedener Untersuchungen deshalb nur sehr eingeschränkt vergleichbar, weil die Verschlüsselungskategorien sehr unterschiedlich sind. Eine Verschlüsselung von Aktivitätsbeschreibungen, die in einer Studie der 90er Jahre gewonnen wurden, mit den Kategorien einer Studie aus den 60er Jahren wäre auch nicht sehr sinnvoll. Das Untersuchungsfeld hat sich geändert: In den 60er Jahren haben Jugendliche über bestimmmte Aktivitäten nicht berichtet, weil es sie noch gar nicht gab oder weil sie nicht "in" waren. In den 90er Jahren wird zur Beschreibung von Tätigkeiten z.T. eine ganz andere Sprache verwendet als in den 60er Jahren und es ist nicht immer leicht abschätzbar, ob sich nur die Zeichen oder auch die Semantik verändert hat. Alles das hat gewaltige und oft nur schwer abschätzbare Einflüsse auf die Ergebnisse empirischer Untersuchungen.[18] Geschlossene Fragen produzieren z.B. regelmäßig sehr viel größere Häufigkeiten als offene Fragen. Das wird z.B. bei der Tätigkeit "Fernsehen" deutlich. Während in einer Untersuchung mit geschlossenen Fragen nahezu drei Viertel der Jugendlichen als "Fernsehkonsumenten" bezeichnet werden, kann der Anteil in einer Studie mit offenen Fragen deutlich unter 10 Prozent liegen.

In der Pforzheimer Jugendstudie wurde der Bereich Freizeitpräferenzen/Freizeitverhalten mit verschiedenen Methoden untersucht:

(1) Um Vergleiche mit der 1979 durchgeführten Studie durchführen zu können, wurde eine geschlossene Frage mit 26 Tätigkeitsbezeichnungen als Antwortvorgaben vorgelegt. Der beabsichtigte Vergleich mit den 79er Ergebnissen war aber letztlich nicht durchführbar, weil die Antwortvorgaben der aktuellen Untersuchung nicht die gleichen sein konnten wie in der 79er Studie. Die Vorgaben wurden in drei Durchgängen von den Befragten bewertet: Im ersten Durchgang sollte angegeben werden, welche dieser Tätigkeiten überhaupt eine Rolle spielen. Diesen Durchgang werden wir nicht auswerten, da die Bewertungsvorgabe zu unpräzise ist. Im zweiten Durchgang sollte angegeben werden, was jemand "besonders gerne" tut. Im dritten Durchgang sollte für jede Aktivität angegeben werden, ob sie jemand "gerne häufiger" tun möchte, wenn er die Möglichkeit dazu hätte. Den zweiten und dritten Durchgang werten wir zusammen mit anderen Indikatoren aus, um jugendkulturelle Orientierungstypen zu beschreiben (Kap. VI). Wir halten es nicht für sinnvoll für einzelne Tätigkeitsbezeichnungen anzugeben, wieviel Prozent der Jugendlichen diese Tätigkeit "besonders gerne" oder "häufiger tun möchten", da die Häufigkeiten bzw. Prozentanteile nach unserer Einschätzung viel zu stark von den Vorgaben abhängig sind.

(2) Um zu berichten, was Jugendliche in ihrer Freizeit gerne und häufig tun, werden wir in erster Linie die Antworten auf eine offene Frage auswerten. Die Frage hat den folgenden Wortlaut:

Frage 23: Was machst Du in Deiner Freizeit besonders häufig?

Es wurde dann nachgefragt:

Frage 24: Gibt es etwas, was Du in Deiner Freizeit gerne tun würdest, was Du aber nicht tun kannst?
    0 nein, das gibt es nicht
    1 ja, das gibt es und zwar: _____

---

[18] vgl. dazu: B. Blinkert, Methodische Realitätskonstruktionen oder soziale Wirklichkeiten, in: Soziale Welt 1978, S. 358-372

Wir halten die Ergebnisse, die mit einer offenen Frage erzielt wurden, für sehr viel valider. Jugendliche können auf diese Weise ohne Beeinflussung durch die Antwortvorgaben die ihnen wichtig erscheinenden Freizeitbeschäftigungen nennen. Allerdings ist auch eine offene Frage mit einem Fehlerrisiko verbunden. Der mögliche Fehler besteht darin, daß jemand in der Interviewsituation vergißt, etwas zu sagen, was ihm letztlich doch wichtig ist. Dieses Risiko erscheint uns allerdings bei dem hier untersuchten Thema "Freizeitbeschäftigungen" nicht sehr groß zu sein. Ein weiteres Problem besteht darin, daß die Rapportstile von Jugendlichen sehr unterschiedlich sind. Einige machen sehr detaillierte Aussagen, andere wiederum begnügen sich mit sehr allgemeinen Auskünften. Für eine statistische Auswertung müssen die Aussagen der Befragten nachträglich zu einer überschaubaren Zahl von Kategorien zusammengefaßt und verschlüsselt werden. Das muß so erfolgen, daß möglichst alle Aussagen berücksichtigt werden. Auf diese Weise gehen u.U. Informationen verloren. Wir haben deshalb die offene Frage nach den Freizeitbeschäftigungen mit einer "halboffenen" Frage nach den bevorzugten Freizeitorten kombiniert. Diese Frage hat den folgenden Wortlaut:

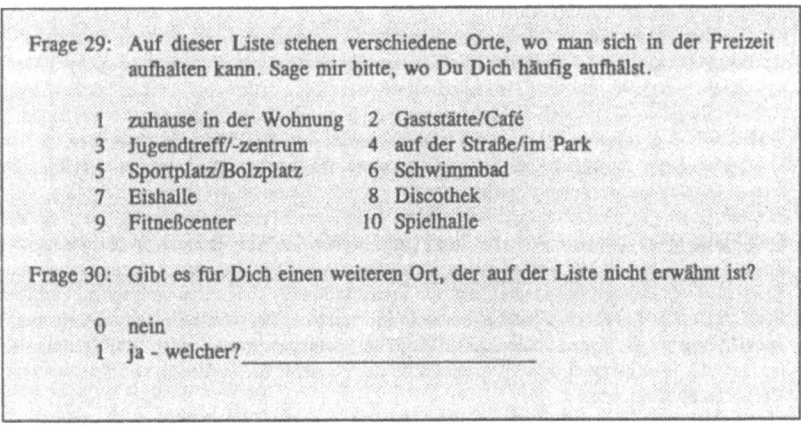

Frage 29: Auf dieser Liste stehen verschiedene Orte, wo man sich in der Freizeit aufhalten kann. Sage mir bitte, wo Du Dich häufig aufhältst.

1 zuhause in der Wohnung 2 Gaststätte/Café
3 Jugendtreff/-zentrum   4 auf der Straße/im Park
5 Sportplatz/Bolzplatz   6 Schwimmbad
7 Eishalle   8 Discothek
9 Fitneßcenter   10 Spielhalle

Frage 30: Gibt es für Dich einen weiteren Ort, der auf der Liste nicht erwähnt ist?

0 nein
1 ja - welcher?_____

Die Nachfrage (Frage 30) wurde von 33 Prozent der Jugendlichen mit "ja" beantwortet. Alle Nennungen zur Frage 30, die Antworten auf Frage 29 und die Aussagen über Freizeitbeschäftigungen (Frage 23) wurden zu zwölf Kategorien zusammengefaßt, mit denen sich die Freizeitaktivitäten von Jugendlichen relativ gut beschreiben lassen. Allerdings müssen wir darauf hinweisen, daß auf diese Weise nur ein sehr grobes Bild möglich ist. Die Antworten der Jugendlichen sind unterschiedlich differenziert und um zu statistisch auswertbaren Kategorien zu kommen, mußten die z.T. sehr ausführlichen Aussagen entdifferenziert werden.

2. Ergebnisse: Was tun Pforzheimer Jugendliche in ihrer Freizeit?

Nach der Rangfolge ihrer Häufigkeit wurden die folgenden Aktivitäten genannt:
   1. Rang: Sport   82 %
   2. Rang: Ausgehen   68 %
   3. Rang: öffentliche Räume nutzen   58 %
   4. Rang: Kontakte pflegen   37 %

5. Rang: kulturelle Aktivitäten 24 %
6. Rang: Jugendtreffs besuchen 23 %
7. Rang: "neue Medien" nutzen (Fernsehen, Video, Computer) 13 %
8. Rang: Nichtstun, sich langweilen 8 %
9. Rang: Reservate für Kinder und Jugendliche nutzen 7 %
10. Rang: Natur erleben 6 %
weniger als 5 Prozent: an Vereinsaktivitäten und kirchlichen Aktivitäten teilnehmen
sonstiges 12 %
(Die Prozente addieren sich zu mehr als 100, da es Mehrfachnennungen gibt.)

Freizeitbeschäftigungen, die von mehr als zehn Prozent der Jugendlichen genannt wurden, werden im folgenden genauer beschrieben und kommentiert. Grundsätzlich gilt: Alle Aktivitäten wurden uns von den Jugendlichen ohne Antwortvorgabe von allein genannt. Nur zur Ergänzung wurden die Aussagen über häufig besuchte Freizeitorte berücksichtigt. Wir interpretieren unsere Ergebnisse so, daß eine genannte Aktivität auch als wichtig empfunden wird oder/und daß sie häufig ausgeübt wird. Wird eine Freizeitbeschäftigung nicht genannt, muß das aber nicht bedeuten, daß sie auch tatsächlich nicht ausgeübt wird. Es bedeutet aber sehr wahrscheinlich, daß sie dem Jugendlichen nicht wichtig genug war, um erwähnt zu werden. Zu berücksichtigen ist auch, daß die Angabe einer Tätigkeit noch keineswegs einen Schluß darauf zuläßt, welchen Anteil sie am täglichen oder wöchentlichen Zeitbudget besitzt. Wenn jemand z.B. "Reiten" als für ihn wichtige Freizeitbeschäftigung nennt, so wird diese Tätigkeit in der Woche sicher nur wenige Stunden beanspruchen.

Rang 1: Sport

Die bei weitem häufigste Freizeitbeschäftigung ist Sport. 82 Prozent der Pforzheimer Jugendlichen sagen, daß sie in ihrer Freizeit irgendeine Sportart betreiben oder sich häufig an Orten aufhalten, wo Sport getrieben wird. Nahezu alle Nennungen lassen erkennen, daß es dabei um die aktive Ausübung einer Sportart geht. Wo das möglich war, haben wir die Aussagen zum Sport nach verschiedene Sportarten klassifiziert:

* Nennung einer "Massensportart", die aktiv betrieben wird, z.b.
  Schwimmen, Turnen, Fußball 63 %
* allgemeine Aussagen, ohne zusätzliche Spezifikation 54 %
* Nennung einer jugendkulturspezifischen Sportart, z.b. Streetball, Crossbahnfahren, Skaten, Selbstverteidigung, Body Building, Erlebnissport 15 %
* Nennung einer "exklusiven Sportart", z.B. Reiten, Tennis 3 %
(Die Prozente addieren sich zu mehr als 100, da es Mehrfachnennungen gibt.)

Am häufigsten werden "Massensportarten" genannt, also Sportarten, die nicht sehr kostspielig sind und die allen offenstehen, z.B. Fußball und andere Ballspiele, Schwimmen oder Turnen. Auch die eher allgemein gehaltenen Aussagen - "Sport treiben" oder einfach "Sport" - beziehen sich wohl überwiegend auf diese populären Sportarten.

Eine relativ große Zahl von Nennungen (15 Prozent) bezieht sich auf Sportarten, die gerne von Jugendlichen ausgeübt werden und die ein jugendliches Image besitzen ("jugendkulturspezifische Sportarten").

"Exklusive Sportarten" - Tennis oder Reiten - also Sportarten, die mit relativ hohem finanziellen Aufwand verbunden sind, kommen nur sehr selten vor (drei Prozent).

Sehr viel Jugendliche, die eine Sportart als häufigste Tätigkeit nennen, sind auch in einem **Verein** organisiert: Rund 50 Prozent von ihnen sind Mitglied in einem Verein (49 Prozent), gegenüber nur 20 Prozent der Jugendlichen, die Sport nicht als wichtige Freizeitbeschäftigung nennen. Auch die umgekehrte Prozentuierung ist aufschlußreich: Von den Mitgliedern in einem Sportverein nennen fast alle (92 Prozent) den Sport als eine für sie wichtige Freizeitbeschäftigung.

Ob Sport betrieben wird und was für eine Sportart das ist, hängt z.T. von sozialen Merkmalen ab. Die folgenden Tendenzen lassen sich beobachten:
* Die Jungen nennen deutlich häufiger eine Sportart als wichtige Freizeitbeschäftigung als die Mädchen (88 Prozent vs. 75 Prozent).
* Mädchen üben häufiger eine "exklusive Sportart" aus als Jungen - meistens handelt es sich dabei um Reiten (6 Prozent vs. ein Prozent)
* Jungen betreiben dagegen häufiger Sport mit jugendkulturspezifischer Ausrichtung (21 Prozent vs. acht Prozent).
* Mit zunehmendem Alter geht das Interesse am Sport als einer Freizeitbetätigung deutlich zurück. Von den 12- und 13jährigen nennen fast 90 Prozent Sport als

wichtige Freizeittätigkeit, von den über 16jährigen nur noch 73 Prozent.
* Die Jugendlichen mit ausländischer Staatsangehörigkeit nennen im Gegensatz zu den deutschen Jugendlichen Sport etwas seltener als wichtige Freizeitbeschäftigung (76 Prozent vs. 84 Prozent).
* Der Berufsstatus der Eltern hat erwartungsgemäß den größten Einfluß auf die Ausübung einer "exklusiven Sportart". Von den Arbeiterkindern wird so gut wie keine Sportart dieses Typs genannt. Dagegen geben rund zehn Prozent der Jugendlichen mit Eltern in leitenden Positionen eine sportliche Tätigkeit mit "exklusivem Charakter" an, meistens Reiten, etwas seltener Tennis.
* Der Familientyp - Eineltern- oder Zweielternfamilie - und der Schulbesuch haben keinen zusätzlichen Einfluß auf die Nennung von Sport als wichtige Freizeitbeschäftigung.

Ob Sport eine wichtige Freizeitbeschäftigung ist, hängt vor allem von dem "Zusammenspiel" von Alter und Geschlecht ab. Jungen treiben generell häufiger Sport als Mädchen. Mit zunehmendem Alter wird Sport dann uninteressanter. Und mit zunehmendem Alter vergrößert sich tendenziell auch der Unterschied zwischen Jungen und Mädchen im Hinblick auf die Bedeutung der Freizeitbeschäftigung Sport (vgl. Abb. 21).

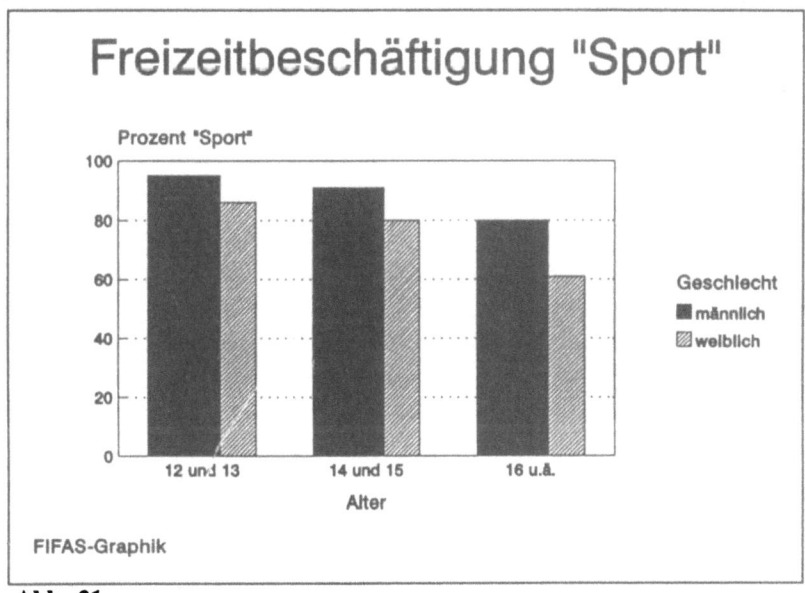

Abb. 21

Rang 2: Ausgehen

Rund zwei Drittel der Jugendlichen nennen als wichtige und häufige Freizeitbeschäftigung eine Tätigkeit, die etwas mit "Ausgehen" zu tun hat: Kino, Discothek, McDonalds, Tanzen, Billard-Café, Kneipe, Tanzclub, Biergarten, Spielhalle, Messe sind Beispiele für solche Nennungen.

Von den Merkmalen der sozialen Situation hat vor allem das Alter und das Geschlecht einen Einfluß auf die Häufigkeit, mit der diese Aktivität genannt wird:
* Mädchen nennen Ausgehen deutlich häufiger als Jungen (77 Prozent vs. 60 Prozent).
* Mit zunehmendem Alter gewinnt die Aktivität "Ausgehen" zunehmend an Bedeutung. Von den 12- und 13jährigen nennen aber immerhin 62 Prozent eine Tätigkeit, die sich als Ausgehen einstufen läßt, von den über 16jährigen sind es 76 Prozent.

Alle anderen Merkmale - Nationalität, Familientyp, besuchte Schule und Berufsstatus der Eltern - haben keinen Einfluß auf die Wichtigkeit, die der Tätigkeit "Ausgehen" beigemessen wird.

Die Abbildung 22 zeigt das Zusammenspiel der Merkmale Alter und Geschlecht:

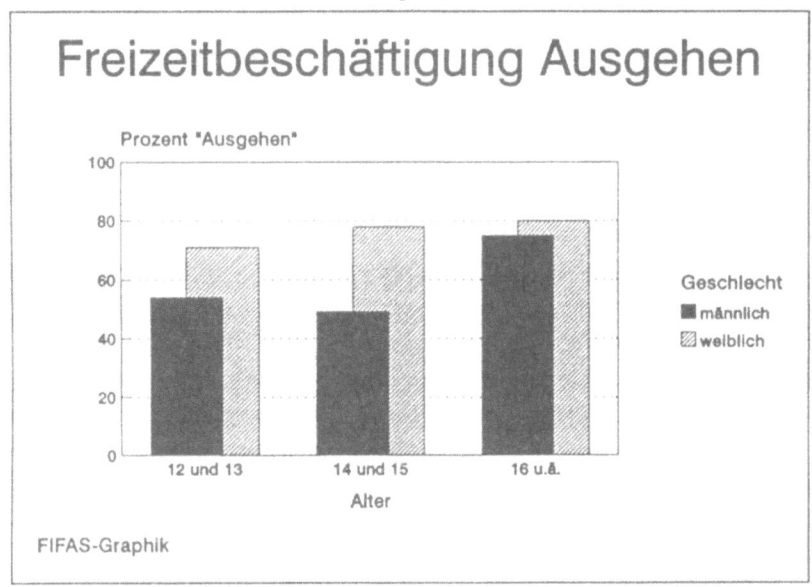

Abb. 22

Der Unterschied zwischen Jungen und Mädchen im Hinblick auf die Häufigkeit und Wichtigkeit von "Ausgehen" ist besonders in den unteren Altersklassen groß und deutlich. Bei den Jugendlichen der Altersgruppe "16 Jahre und älter" gibt es dagegen kaum noch einen Unterschied in der Häufigkeit dieser Aktivität.

Rang 3: Öffentliche Räume nutzen

Für rund 60 Prozent der Jugendlichen besteht eine wichtige Freizeitbeschäftigung darin, daß sie sich in öffentlichen Räumen aufhalten. Was sie dabei tun, ist oft nebensächlich, wechselt sehr oft, hängt von der Situation ab. Man trifft sich, bummelt, schaut sich die Schaufenster an, man "hält sich auf". Es könnte eingewendet werden, daß das eigentlich keine sehr sinnvolle Kategorie ist, um Tätigkeiten zu beschreiben, weil darunter sehr verschiedenartige Beschäftigungen subsumiert werden. Das ist einerseits wohl richtig, andererseits gibt es aber keine andere Möglichkeit, um das zu berücksichtigen, was die Jugendlichen meinen: "sich aufhalten", "flanieren", von Situation zu Situation etwas anderes tun, sich durch die Gegebenheiten anregen lassen, sich mit der Clique treffen, schwätzen usw. Alles das findet statt, wenn öffentliche Räume genutzt werden, aber es kann nicht erwartet werden, daß Jugendliche diese Tätigkeiten im einzelnen aufzählen. Sie sagen im Interview u.a. "in der Innenstadt bummeln", "in die Stadt gehen", "sich in der Fußgängerzone aufhalten", "in den Stadtgarten gehen". Hinter diesen Aussagen kann nun alles mögliche stehen. Man kann Freunde treffen, sich die Schaufensterauslagen betrachten, sich in der Clique unterhalten. Wichtig ist aber, daß in diesen Aussagen die große Bedeutung öffentlicher Räume hervorgehoben wird. Sicher wäre es überinterpretiert, wenn man das Aufsuchen dieser Räume als einen Selbstzweck betrachtet, aber es muß doch berücksichtigt werden, mit welcher Emphase immer der Raumbezug hervorgehoben wird. Freunde könnte man schließlich auch woanders treffen. Gespräche muß man nicht unbedingt in der Fußgängerzone führen. Mit der Clique muß man nicht unbedingt in der Innenstadt zusammenkommen. Daß diese öffentlichen Räume genannt werden, muß eine Bedeutung haben. Und so interpretieren wir das auch: als ein überraschend großes Interesse der Pforzheimer Jugendlichen an den ihnen zur Verfügung stehenden öffentlichen Räumen.

Von den Merkmalen der sozialen Situation haben nur das Alter und die Ausbildung einen signifikanten Einfluß auf die Nutzung öffentlicher Räume:

* Mit zunehmendem Alter verringert sich das Interesse an einer Nutzung öffentlicher Räume. Von den 12- und 13jährigen machen rund zwei Drittel eine Aussage, bei der die Nutzung öffentlicher Räume im Vordergrund steht. Bei den über 16jährigen sind es aber immerhin noch 50 Prozent.
* Jugendliche, die eine Hauptschule besuchen, nutzen öffentliche Räume am häufigsten - 67 Prozent machen eine entsprechende Aussage. Bei den Realschülern ist das Interesse schon deutlich geringer (61 Prozent). Von den Gymnasiasten und Azubis sagen nur noch rund 50 Prozent, daß die Nutzung öffentlicher Räume für sie eine wichtige Freizeitbeschäftigung ist.

Trotz dieser deutlichen Zusammenhänge besitzt der öffentliche Raum für alle Jugendliche eine große Bedeutung für die Freizeit. Mit zunehmendem Alter verlagern sich zwar die Interessen. Andere Aktivitäten gewinnen an Bedeutung - insbesondere "Ausgehen" - aber diese Entwicklung geht nicht so weit, daß das Interesse an öffentlichen Räumen ganz verloren geht.

4. Rang: Kontakte pflegen

37 Prozent der Jugendlichen nennen als wichtige Freizeitbeschäftigung eine Tätigkeit, deren Hauptzweck darin besteht, Kontakte zu anderen zu pflegen oder herzustellen: sich mit der Clique treffen, telefonieren, Briefe schreiben, sich unterhalten, mit Freunden oder Freundinnen zusammmensein, sich mit Freunden treffen. Sicher besitzt diese Tätigkeit eine noch sehr viel größere Bedeutung als es der Anteil von 37 Prozent zum Ausdruck bringt. Auch "Ausgehen", "Sport treiben" oder "öffentliche Räume" nutzen erfolgt ja in der Regel nicht allein, sondern zusammen mit anderen. Im Unterschied zu den Aussagen über andere Freizeitbeschäftigungen stehen bei den Nennungen zur Tätigkeit "Kontakte pflegen" aber die Gemeinsamkeit und das Zusammensein mit anderen im Vordergrund und werden ausdrücklich als besonders wichtig hervorgehoben.

Von den Merkmalen der sozialen Situation hat nur das Geschlecht einen deutlichen Einfluß auf das Interesse an der Freizeitbeschäftigung "Kontakte pflegen". Die Mädchen machen spürbar häufiger eine Aussage dazu als die Jungen (45 Prozent vs. 32 Prozent). Alle anderen Merkmale - Alter, Staatsangehörigkeit, Familientyp, Ausbildung und Berufsposition der Eltern - korrelieren nicht in einer signifikanten Weise mit dem Interesse an kontaktschaffenden und -erhaltenden Aktivitäten.

5. Rang: Kultur

Rund ein Viertel der Jugendlichen nennt eine Freizeitbeschäftigung, die als kulturkonsumierende oder -produzierende Tätigkeit bezeichnet werden kann. Sie lesen, hören Musik, besuchen kulturelle Veranstaltungen, gehen ins Theater, nutzen die Bibliothek, sie machen Musik oder sie malen. Die Angaben dazu sind oft nicht genau genug, um zu erkennen, ob es sich eher um eine Aktivität im Hinblick auf die konventionell-etablierte Kultur handelt (z.B. Opernbesuch), oder um eine jugendspezifische kulturelle Aktivität (z.B. Besuch eines Rockkonzerts). Der Tendenz nach beziehen sich die Aussagen aber sehr viel stärker auf die konventionelle Kultur. Der große Anteil von Nennungen, der sich auf das Theater bezieht, läßt das vermuten. Dennoch muß mit einer gewissen Ungenauigkeit gerechnet werden. Wir schätzen, daß sich innerhalb dieser Kategorie rund zwei Drittel der Aussagen eher auf die etablierte konventionelle Kultur beziehen und rund ein Drittel auf jugendkulturspezifische Aktivitäten.

Bei denjenigen, für die in der Freizeit Kulturkonsum oder -produktion etwas Wichtiges ist, ist der Anteil der Theaterbesucher auch relativ hoch: 48 Prozent von ihnen gehen gelegentlich ins Theater - von den Jugendlichen, die keine Aussage über eine "kulturelle Freizeitbeschäftigung" machen, dagegen nur 24 Prozent, und auch der Anteil derjenigen, die ab und zu die Stadtbücherei nutzen, ist bei den "Kulturbeflissenen" deutlich höher (61 Prozent vs. 43 Prozent).

Das Interesse an Kultur variiert am stärksten mit der Ausbildung und mit dem Geschlecht:

* Die Mädchen nennen sehr viel häufiger eine "kulturelle Tätigkeit" als Freizeitbeschäftigung als die Jungen (31 Prozent vs. 17 Prozent).
* Von den Gymnasiasten macht rund ein Drittel eine Aussage über eine kulturell orientierte Freizeitbeschäftigung - bei den Hauptschülern sind es dagegen nur 16 Prozent. Auch bei den Auszubildenden ist das Interesse an dieser Art der Freizeitbetätigung deutlich niedriger als im Durchschnitt.
* Mit zunehmendem Bildungsniveau verstärken sich die Unterschiede zwischen Jungen und Mädchen. Bei den Hauptschülern gibt es zwischen Jungen und Mädchen praktisch keinen Unterschied bezüglich des Interesses an Kultur: Nur rund 15 Prozent der Jungen und Mädchen nennen eine kulturbezogene Tätigkeit. Die Gymnasiasten haben nicht nur generell ein sehr viel stärkeres Interesse an Kultur. Auch die Unterschiede zwischen Jungen und Mädchen sind bei dieser Ausbildung besonders groß: Fast die Hälfte der Gymnasiastinnen nennt als Freizeitbeschäftigung eine Tätigkeit, die mit Kulturkonsum oder -produktion zu

tun hat, aber nur ein knappes Viertel der Jungen mit gleicher Schulausbildung macht eine entsprechende Aussage (Abb. 23). Auch bei den Auszubildenden ist der Unterschied zwischen Jungen und Mädchen sehr groß. Von den Jungen erwähnen gerade noch 6 Prozent eine kulturell anspruchsvolle Freizeitbeschäftigung - bei den Mädchen sind es demgegenüber rund 30 Prozent. Trägerinnen kultureller Interessen sind also in erster Linie die Mädchen und hier besonders die an einer höheren Schulbildung teilnehmenden Mädchen.

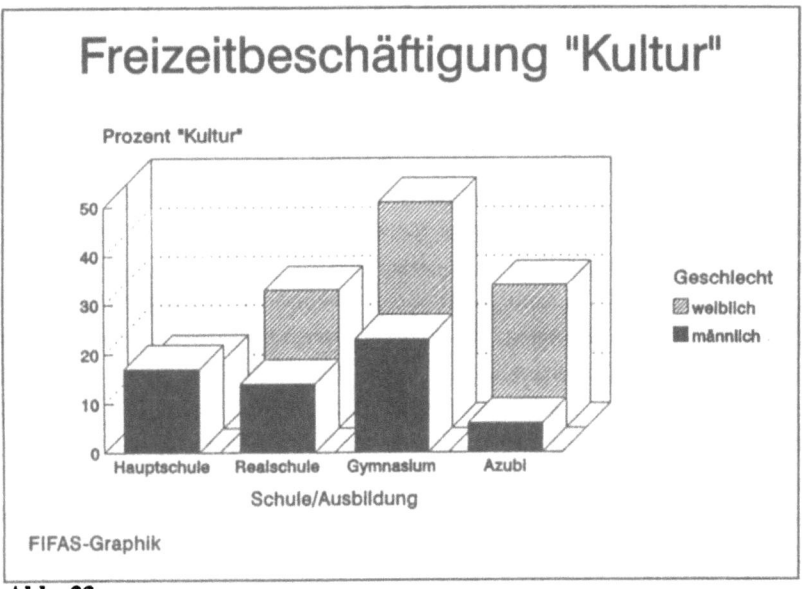

Abb. 23

Diese Ergebnisse zu der Frage nach den Freizeitbeschäftigungen werden gestützt durch die Auswertung von Fragen, in denen es um die **Nutzung von Theater, Stadtbibliothek** und **kommunalem Kino** geht. Diese drei Einrichtungen besitzen eine Gemeinsamkeit: sie bieten gesellschaftlich hochbewertete Kulturgüter an.
In welchem Umfang werden diese Einrichtungen nun von den Pforzheimer Jugendlichen genutzt?
* Die Stadtbücherei wird von etwas weniger als der Hälfte der von uns befragten Jugendlichen genutzt.
* In das kommunale Kino gehen 42 Prozent der Jugendlichen.
* Knapp ein Drittel der Jugendlichen geht ab und zu ins Theater.

Auf das kommunale Kino gehen wir im folgenden nicht mehr ein. Es ist nicht auszuschließen, daß auch Jugendliche, die das Cinema gar nicht kennen, die Frage nach einem Besuch dennoch bejaht haben, dabei in Wirklichkeit aber an die bestehenden kommerziellen Kinos gedacht haben.

Besonders der Theaterbesuch ist außerordentlich stark von sozialen Merkmalen abhängig.[19]
* Mädchen gehen deutlich häufiger ins Theater als Jungen (43 Prozent vs. 18 Prozent).
* Mit zunehmenden Alter steigt besonders bei den Mädchen das Interesse am Theater. Von den 12- und 13jährigen Mädchen gehen 23 Prozent hin und wieder in das Theater. Von den über 16jährigen Mädchen sind es dagegen 55 Prozent. Bei den Jungen ist das Interesse am Theater dagegen in allen Altersgruppen nahezu gleich gering und liegt bei rund 20 Prozent (Abb. 24).
* Außerordentlich stark ist auch der Einfluß der Schulbildung - bei den Mädchen wiederum deutlich stärker als bei den Jungen. Von den Hauptschülerinnen gehen nur 17 Prozent hin und wieder ins Theater - dagegen sagen rund drei Viertel der Gymnasiastinnen, daß sie gelegentlich das Theater besuchen. (Abb. 24) Wenn in der Oberstufe des Gymnasiums die Beschäftigung mit Literatur in den Vordergrund des Lehrplans rückt, ist das hierdurch wachsende Interesse am Theater durchaus zu erklären. Erstaunlich sind aber die starken Unterschiede zwischen Jungen und Mädchen. Zwar ist der Besucheranteil der Gymnasiasten mit 30 Prozent dreimal so groß wie die Anteile der Haupt- und Realschüler, verglichen mit den Mädchen ist aber der Theaterbesuch bei den Jungen das Vergnügen einer Minderheit. Hinter dem Theaterbesuch steht also nicht nur ein Bildungseffekt, sondern es scheint hier auch ein spezifisches kulturelles Verhaltensmuster von Gymnasiastinnen zu bestehen.
* Unübersehbar ist auch der Einfluß der sozialen Herkunft. Das gilt vor allem für Jugendliche, die eine höhere Schulbildung absolvieren. Hier zeigt sich, daß eine Art "Vererbung" von kulturellem Kapital stattfindet. Bei den Gymnasiasten steigt der Anteil der Theaterbesucher mit steigendem Sozialstatus der Eltern von 25 Prozent bei den Arbeiterkindern auf 67 Prozent bei den Kindern von Eltern in leitenden Positionen. Aber auch bei den Hauptschülern macht sich der soziale Status der Eltern deutlich bemerkbar. Von den Hauptschülern mit Eltern in einfachen Berufspositionen besuchen nur vier Prozent gelegentlich das Theater. Von den (wenigen!) Hauptschülern mit Eltern in gehobenen und leitenden Positionen sind es dagegen 25 Prozent. (Abb. 25).

---

[19] 24 Prozent der beobachteten Varianz werden durch die Merkmale Alter, Geschlecht, Ausbildung und Berufsposition der Eltern erklärt.

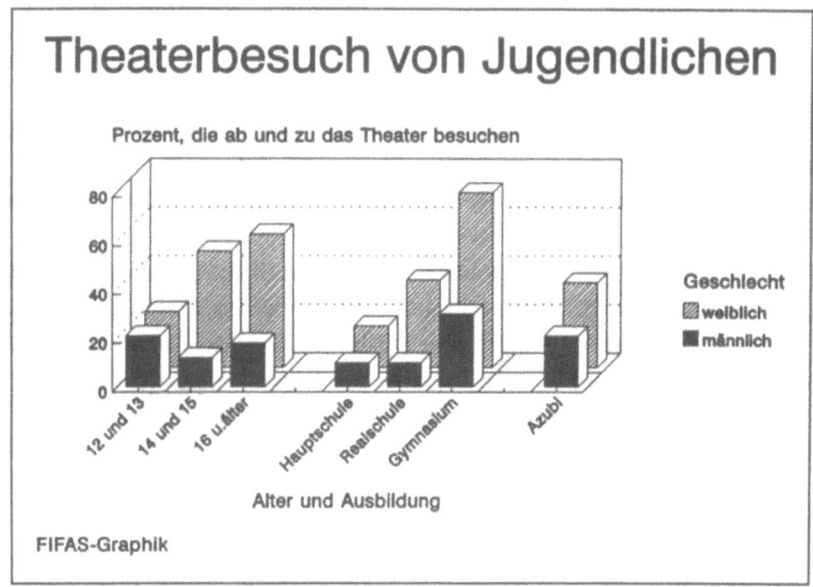

Abb. 24

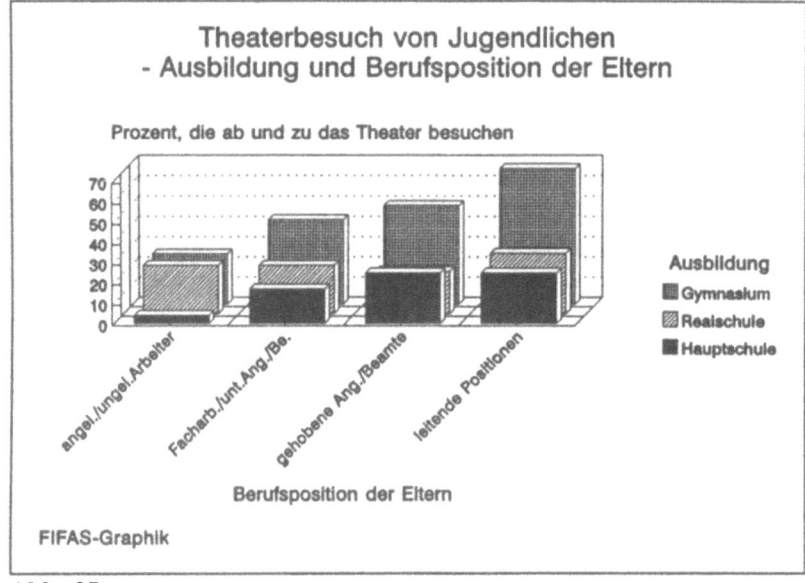

Abb. 25

Deutliche Unterschiede hinsichtlich der verschiedenen Alters- und Bildungsgruppen können wir ebenfalls bei der Nutzung der Stadtbücherei feststellen. Allerdings ist der statistische Zusammenhang schwächer ausgeprägt:
* Mit steigender Schulbildung steigt auch die Nutzung der Stadtbücherei - von 42 Prozent bei den Hauptschülern auf 55 Prozent bei den Gymnasiasten. Die Azubis haben mit rund 30 Prozent das geringste Interesse an der Stadtbibliothek.
* Auch die soziale Herkunft schlägt sich in der Nutzung der Stadtbücherei nieder. Am höchsten ist der Anteil der Nutzer bei Jugendlichen, deren Eltern Facharbeiter oder untere Angestellte bzw. Beamte sind (55 Prozent). Mit steigendem Sozialstatus nimmt der Anteil der Nutzer dann ab (nur noch 37 Prozent bei den Kindern von Eltern in leitenden Positionen) - vermutlich deshalb, weil diese Jugendlichen sich ihre Bücher eher kaufen.

Insgesamt läßt sich beobachten, daß die Jugendphase von sehr großer Bedeutung für die Verteilung von "kulturellem Kapital" ist. Bevorzugt sind die Mädchen und Jugendliche mit einer höheren Schulbildung. Und innerhalb der Gruppe der Jugendlichen, die ein Gymnasium besucht, hat der soziale Status der Eltern noch einmal einen zusätzlichen Einfluß.

Rang 6: Jugendtreffs nutzen

Von den Pforzheimer Jugendlichen sagen 23 Prozent, daß sie sich häufig in einem Jugendtreff aufhalten, bzw. daß es für sie eine wichtige Freizeitbeschäftigung ist, die Angebote von Jugendtreffs zu nutzen. Wir wissen leider nicht, wie oft und mit welcher Regelmäßigkeit das geschieht. Beachtlich ist aber, daß für rund ein Viertel der Jugendlichen diese Möglichkeit so wichtig ist, daß sie erwähnt wird. In Kapitel VII werden wir ausführlicher auf die Bekanntheit und die Nutzung **einzelner Jugendtreffs** eingehen. Hier geht es eher um die allgemeine Aussage, daß Jugendtreffs für die Freizeitgestaltung eine Rolle spielen.

Rang 7: "Neue Medien" nutzen

Im Unterschied zu einer häufig geäußerten Annahme spielt der Umgang mit "neuen Medien" für die Freizeit von Jugendlichen nur eine untergeordnete Rolle. Nur 13

Prozent der Pforzheimer Jugendlichen machen eine Aussage, aus der sich schließen läßt, daß sie das Fernsehen, Videos oder den Computer für ihre Freizeitbeschäftigung als wichtig betrachten - neun Prozent nennen "Fernsehen, Video" als Freizeitbeschäftigung und sechs Prozent sagen, daß sie in ihrer Freizeit mit dem Computer umgehen (Computerspiele und Computeranwendungen zusammengefaßt).

Das **Fernsehen** spielt für Jugendliche sicher eine größere Rolle als der Anteil von nur neun Prozent zum Ausdruck bringt. Viele Jugendliche werden vermutlich ziemlich regelmäßig den Fernseher nutzen. Aber unsere Ergebnisse lassen vermuten, daß Fernsehen oder Videokonsum für die meisten Jugendliche nur eine untergeordnete Bedeutung hat. Diese Medien werden genutzt, weil sie da sind und weil man sich daran gewöhnt hat - vielleicht ähnlich wie die Zahnbürste bei der Morgentoilette. Aber Fernsehen ist für die meisten Jugendlichen nicht etwas, das man erwähnen müßte, wenn man einem Fremden - dem Interviewer - klar machen möchte, was man als eine wichtige Freizeitbeschäftigung ansieht.

Für welche Jugendlichen ist Fernsehen nun eine "wichtige Freizeitaktivität"? Am ehesten für die Hauptschüler. Hier ist der Anteil der Fernsehinteressierten mit 15 Prozent am höchsten. Bei den Realschülern beträgt er nur sechs Prozent. Von den Gymnasiasten nennen nur fünf Prozent Fernsehen als Freizeitbeschäftigung. Von den Auszubildenden sagen sogar nur drei Prozent, daß sie sich in ihrer Freizeit mit Fernsehen beschäftigen. Alle anderen sozialen Merkmale - Alter, Geschlecht, Staatsangehörigkeit, Familientyp, Berufsposition der Eltern - haben keinen zusätzlichen Einfluß auf die Neigung, Fernsehen als wichtige Freizeitbeschäftigung zu betrachten.

Der Umgang mit **Computern** wird nur von sechs Prozent der Jugendlichen als Freizeitbe-schäftigung genannt. Meistens geht es dabei um Computerspiele, nur selten um Computeranwendungen und Programmieren wird überhaupt nicht genannt. Bei der Tätigkeit "Umgang mit dem Computer" sind die sozialen Abhängigkeiten sehr viel deutlicher als beim Fernsehen:
* Mädchen beschäftigen sich weniger mit dem Computer als Jungen (ein Prozent vs. zehn Prozent)
* Mit zunehmendem Alter geht das Interesse am Computer deutlich zurück - von zehn Prozent bei den 12- und 13jährigen, auf knapp ein Prozent bei den Jugendlichen, die 16 Jahre und älter sind.
* Ausländische Jugendliche befassen sich seltener mit dem Computer als Jugendliche mit deutscher Staatsangehörigkeit (zwei Prozent vs. sieben Prozent).

* Mit steigendem sozialen Status der Eltern verringert sich das Interesse am Computer. Von den Arbeiterkindern sagen zwölf Prozent, daß sie sich in ihrer Freizeit mit dem Computer beschäftigen, von den Jugendlichen mit Eltern in leitenden Positionen weniger als ein Prozent. Die Anteile der übrigen Statusgruppen liegen dazwischen.

3. Umstände des Freizeitverhaltens: Partner - Gibt es auch Langeweile?

3.1 Mit wem verbringen Jugendliche ihre Freizeit?

Nur 17 Prozent der Pforzheimer Jugendlichen sagen, daß sie ihre Freizeit häufig allein verbringen. Das bestätigt das schon an anderer Stelle berichtete Ergebnis, daß es in Pforzheim kaum isolierte Jugendliche gibt.
Was sind nun die häufigsten Freizeitpartner von Jugendlichen? Darauf bezieht sich die folgende Frage im Interview:

> Frage 31: Mit wem verbringst Du Deine Freizeit häufig? Ich habe hier ein paar Kärtchen. Da stehen Personen und Gruppen drauf. Könntest Du die einordnen? Mit wem bist Du am häufigsten zusammen, mit wem am zweithäufigsten, am dritthäufigsten usw.?
>
> Vorgelegt wurden die folgenden Partnerbezeichnungen:
>
> Eltern, Großeltern/andere Verwandte, Geschwister, Partner/Partnerin, Freunde, Freundinnen, Clique (gemischt - außerhalb eines Vereins), Leute aus einem Verein/einer Jugendgruppe, Schulfreundinnen/-freunde, Arbeitskolleginnen/-kollegen

Um zu eindeutig interpretierbaren Kategorien zu kommen, wurde folgendermaßen zusammengefaßt:
* Kontakte mit Eltern
* Kontakte mit einem Freund/einer Freundin des gleichen Geschlechts
* Kontakte mit einem Freund/einer Freundin oder einem Partner/einer Partnerin des anderen Geschlechts
* Kontakte mit anderen Jugendlichen in Cliquen, Vereinen, Jugendgruppen und Kontakte mit Schul- bzw. Arbeitskameraden

Eine genannte Person oder Gruppe wurde als "**häufiger Freizeitpartner**" klassifiziert, wenn diese Person oder Gruppe als häufigster oder zweithäufigster Freizeitpartner eingestuft wurde.

61 Prozent der Jugendlichen nennen einen **Freund/eine Freundin des gleichen Geschlechts** als häufigen Freizeitpartner. Dieser Anteil bleibt auch in nahezu allen

Gruppen gleich. Er ist bei Mädchen ungefähr genauso hoch wie bei Jungen. Der Anteil ändert sich auch kaum mit zunehmendem Alter. Auch die anderen Sozialmerkmale - Familiensituation, Staatsangehörigkeit, Ausbildung und Berufsposition der Eltern - zeigen keinen signifikanten Zusammenhang zu der Nennung der Kategorie Freund/Freundin des gleichen Geschlechts als häufigen Freizeitpartner.

Die **Eltern** werden von 43 Prozent der Jugendlichen als häufige Freizeitpartner genannt. Die Bedeutung der Eltern als Freizeitpartner variiert stark mit dem Alter. Von den 12- und 13jährigen nennen 54 Prozent die Eltern als häufige Freizeitpartner, von den 14- und 15jährigen 39 Prozent und von den Jugendlichen, die 16 Jahre und älter sind, nur noch 37 Prozent. Aber auch das erscheint uns noch immer ein beachtlich hoher Anteil zu sein.

Ein **Freund/eine Freundin des anderen Geschlechts**, mit dem/der man häufig die Freizeit verbringt, wird von 38 Prozent der Jugendlichen als Partner genannt. Die Mädchen nennen deutlich häufiger einen andersgeschlechtlichen Freund als häufigen Freizeitpartner als die Jungen (48 Prozent vs. 28 Prozent). Mit zunehmendem Alter wird ein Freund bzw. Freundin des anderen Geschlechts als Freizeitpartner immer wichtiger: 22 Prozent bei den 12- und 13jährigen, 36 Prozent bei den 14- und 15jährigen und 52 Prozent bei den Jugendlichen, die 16 Jahre und älter sind.

Andere **Kontakte in Gruppen** (Cliquen, Vereinen, Schule, Jugendgruppen) werden von 26 Prozent der Jugendlichen als häufig eingestuft. Zwischen Jungen und Mädchen bestehen keine Unterschiede. Mit zunehmendem Alter stufen auch mehr Jugendliche diese Kontakte als "häufig" ein: 20 Prozent bei den 12- und 13jährigen, 28 Prozent bei den 14- und 15jährigen und 31 Prozent bei den 16jährigen und älteren.

3.2 Ist Freizeit auch mit Langeweile verbunden?

Auf diese Frage antworten nur sechs Prozent der Jugendlichen "das ist oft der Fall" und 35 Prozent sagen, "das kommt ab und zu vor", 16 Prozent berichten, daß sie sich "nie" langweilen und 43 Prozent, daß Langeweile "selten" vorkommt. Langeweile ist den Pforzheimer Jugendlichen also keineswegs fremd. Für die Mehrheit allerdings scheint Langeweile kein sehr großes Problem zu sein: sie langweilt sich entweder "nie" oder "selten" (zusammen 59 Prozent). Wie sieht das nun bei den einzelnen Freizeitbeschäftigungen aus? Der Anteil der sich langweilenden Jugendlichen ist bei fast allen Aktivitäten annähernd gleich groß. Es gibt allerdings zwei Ausnahmen: Jugendliche, die als Freizeitbeschäftigung "Fernsehen, Videos" oder "mit dem Computer umgehen" angeben, empfinden deutlich häufiger Langeweile als der Durchschnitt. Während im Durchschnitt nur 40 Prozent der Jugendlichen über Langeweile klagen ("oft" und "ab und zu" zusammengefaßt) beträgt der Anteil bei den Fernsehern und Computerspielern 58 Prozent.

Ansonsten ist die Langeweile ziemlich gleichmäßig über alle Jugendlichen verteilt -sie variiert kaum mit den sozialen Merkmalen. Lediglich zwischen dem Alter von Jugendlichen und dem Anteil derjenigen, die sagen, sie würden sich "oft" oder "ab und zu" langweilen, besteht ein signifikanter Zusammenhang: Mit zunehmendem Alter verringert sich der Anteil der Jugendlichen, die in ihrer Freizeit Langeweile empfinden. Bei den 12- und 13jährigen sind es 47 Prozent, bei den 14- und 15jährigen 43 Prozent und bei Jugendlichen, die 16 Jahre und älter sind, langweilen sich nur noch 31 Prozent. Alle anderen sozialen Merkmale haben keinen Einfluß auf das Empfinden von Langeweile: Mädchen langweilen sich genauso oft oder selten wie Jungen. Die Berufsposition der Eltern ist ebenso wenig maßgeblich für die Langeweile wie die Ausbildung ein Schutz davor ist. Die Staatsangehörigkeit hat damit genauso wenig zu tun wie die Familiensituation.

4. "Blockierte Wünsche" - Gibt es etwas, was Jugendliche in Pforzheim gerne tun möchten, aber nicht tun können?

Für fast 40 Prozent der Pforzheimer Jugendlichen ist das der Fall: Sie sagen, daß es etwas gibt, was sie in der Freizeit gerne tun möchten, was ihnen aber nicht möglich ist. Gegenüber 1979 machen fast 10 Prozent weniger Jugendliche eine Aussage, die auf nicht erfüllte Freizeitwünsche schließen läßt. Besonders bei den Mädchen ist eine Veränderung festzustellen. Gegenüber 1979 hat sich bei den Mädchen der Anteil derjenigen, die einen bestimmten Wunsch nicht verwirklichen können, noch deutlicher verringert als bei den Jungen. Auch bei den Jüngeren (12 bis 15 Jahre) werden entgegen 1979 spürbar weniger Aussagen über Tätigkeiten gemacht, die man gerne tun möchte, die man aber nicht tun kann.

Zwischen den Stadtgebieten gibt es im Hinblick auf den Anteil von Jugendlichen mit "blockierten Wünschen" keine großen Unterschiede.

Tabelle 11: "Blockierte Wünsche"

	Frage 24: Gibt es etwas, was Du in Deiner Freizeit gerne tun würdest, aber nicht tun kannst? Frage 25: Woran liegt es, daß Du das nicht tun kannst?	
	Pforzheim 1994	Pforzheim 1979
Unerfüllte Freizeitwünsche:		
insgesamt	38%	47%
Mädchen	40%	55%
Jungen	36%	39%
12 bis 15 Jahre	35%	50%
16 bis 18 Jahre	44%	43%
Warum können Freizeitwünsche nicht erfüllt werden?		
Fehlende Angebote	51%	37%
Zu teuer	28%	40%
Verbot der Eltern	13%	20%
Keine Zeit	12%	5%
Subjektive Gründe	12%	14%

Die Rangfolge der "blockierten Wünsche" sieht folgendermaßen aus:

Rang 1: "Sport"
20 Prozent der Jugendlichen (n=116) wünschen sich mehr oder bessere Möglichkeiten zur Ausübung einer bestimmten Sportart oder sie sagen ganz allgemein, daß sie "mehr Sport" betreiben möchten.
* Acht Prozent (n=46) differenzieren diesen Wunsch nicht weiter,
* acht Prozent (n=45) nennen eine "jugendkulturspezifische Sportart"- die meisten wünschen sich mehr Möglichkeiten für "Streetball" (n=32),
* drei Prozent (n=15) wünschen sich, daß sie eine "exklusive Sportart" betreiben können - hier wird ausschließlich "Reiten" genannt,
* ebenfalls drei Prozent (n=13) würden gerne eine "Massensportart" betreiben oder intensiver ausüben: Schwimmen, Radfahren, Fußball.

Rang 2: "mehr Ausgehen"
An zweiter Stelle steht der Wunsch nach mehr und besseren Möglichkeiten zum Ausgehen (acht Prozent, n=45). Am häufigsten wird gewünscht, eine Disco

häufiger besuchen zu können (19 Nennungen), sieben Jugendliche äußern einfach den Wunsch, abends länger wegbleiben zu können.

Rang 3: "verreisen"
Zwei Prozent der Jugendlichen (n=12) sagen, daß sie gerne mehr verreisen würden.

Rang 4: "herumfahren"
Ein Prozent der Jugendlichen (n=8) würde gerne mehr mit dem Auto, Motorrad oder Moped herumfahren.

Alle anderen genannten Wünsche werden von weniger als einem Prozent der Jugendlichen geäußert. Genannt wurde u.a.: mehr kulturelle Aktivitäten (Lesen, Theater), sich mehr in der Natur aufhalten (Wandern), häufiger einen Jugendtreff aufsuchen, Gelegenheiten für Graffity haben, Breakdance ausüben...

Uns erscheint es bemerkenswert, daß der Wunsch nach **mehr Fernsehen oder Videos** von **keinem** Jugendlichen geäußert wurde. Nur vier Jugendliche würden gerne **mehr mit dem Computer** spielen.

Was sind nun die Gründe dafür, daß rund 40 Prozent der Jugendlichen in ihrer Freizeit etwas tun möchten, was ihnen aber nicht möglich ist?

* Als wichtigster Grund wird das **Fehlen von Einrichtungen und Angeboten** genannt, bzw. der Weg zu einer Einrichtung sei zu weit oder die Angebote seien zu spät. 51 Prozent der Jugendlichen, die einer von ihnen bevorzugten Freizeitbeschäftigung nicht nachgehen können, nennen diesen Grund. Die Bedeutung dieses Grundes ist gegenüber 1979 deutlich gestiegen. Der Grund "fehlende Angebote" wird besonders häufig von Jugendlichen genannt, die gerne eine "jugendkulturspezifische Sportart" (vor allem Streetball) ausüben möchten, aber nicht können: 71 Prozent nennen als Grund dafür das Fehlen von Angeboten und Einrichtungen.

Die Abbildung 26 zeigt, daß der Grund "fehlende Einrichtungen und Angebote" in den Stadtgebieten unterschiedlich häufig genannt wurde.

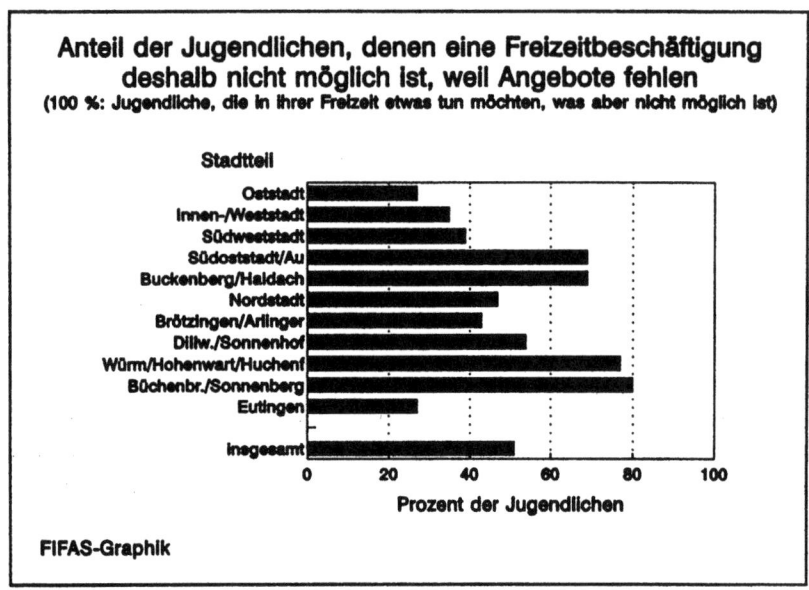

Abb. 26

"Fehlende Einrichtungen und Angebote" sind vor allem in den Stadtgebieten Büchenbronn/Sonnenberg, Würm/Hohenwart/Huchenfeld, Buckenberg/Haidach und Südoststadt/Au ein Grund für "blockierte Wünsche".

* Der zweitwichtigste Grund ist, daß eine favorisierte Freizeittätigkeit **zu teuer** ist: 28 Prozent der Jugendlichen, die gerne etwas anderes tun möchten, nennen diesen Grund. Gegenüber 1979 hat diese Begründung erheblich an Bedeutung verloren. Besonders häufig werden die hohen Kosten von Jugendlichen genannt, die gerne reiten möchten, denen das aber nicht möglich ist.
* **Verbote der Eltern** werden als drittwichtigster Grund angegeben. Es sind aber nur 13 Prozent der Jugendlichen mit "blockierten Wünschen", die diesen Grund nennen. Auch dieser Grund ist gegenüber der Vergangenheit weniger wichtig. 1979 haben noch 20 Prozent der Jugendlichen ihre "blockierten Wünsche" auf Verbote der Eltern zurückgeführt.
* Ungefähr gleich wichtig sind die Gründe **"keine Zeit"** und **"subjektive Gründe"** - jeweils zwölf Prozent der Jugendlichen, die eine Tätigkeit nennen, die sie nicht ausführen können, erläutern das mit diesen Gründen. **"Subjektive Gründe"** sind vor allem: bin zu jung, gesundheitliche Gründe, ist mir zu gefährlich, bin dafür nicht qualifiziert, fühle mich da nicht wohl, mache das nicht gerne allein. Der Grund "keine Zeit" hat gegenüber 1979 spürbar an Bedeutung gewonnen.

Die Pforzheimer Jugendlichen nennen keine Gründe, die auf eine geschlechtsspefizische Benachteiligung durch die bestehenden Angebote verweisen. Dennoch könnte es sein, daß ein Interesse an Einrichtungen und Angeboten besteht, die sich ganz gezielt an Jungen oder Mädchen wenden. Mit dieser Frage befaßt sich das Kapitel VII.

VI. Eine zweite Zwischenbilanz: Jugendkulturelle Orientierungstypen

Jugendkulturelle Orientierungen sind Handlungs- und Einstellungssysteme von Jugendlichen, die eine gewisse Einheitlichkeit und innere Strukturiertheit erkennen lassen. Diese Orientierungen umfassen verschiedene Handlungsbereiche und lassen sich nicht eindeutig abgrenzen. Sie überschneiden sich und eine strikte Zuordnung von Jugendlichen zu dem einen oder anderen Orientierungstyp ist sicher nicht möglich. Dennoch ist es sinnvoll, in einer empirischen Untersuchung solche Typen zu beschreiben. Sie ermöglichen es, eine größere Zahl von einzelnen Indikatoren zu bündeln und sie haben insofern auch einen gewissen Informationswert, als sie einen Kern von Einstellungen beschreiben, die in konkreten Situationen auch mit Handlungswahrscheinlichkeiten verbunden sind.[20] Aufgrund von Vorüberlegungen und auf der Grundlage unserer Indikatoren erscheint es uns sinnvoll, die folgenden Orientierungen zu unterscheiden:
1. institutionell-integrierte Jugendliche
2. hedonistische Orientierungen
3. kritisch-engagierte Orientierungen
4. Medienorientierung
5. Actionorientierung

Methodische Vorbemerkung

Es ist außerordentlich schwierig, diese Orientierungen empirisch zu identifizieren. Das hat zwei Gründe:
Zum einen gibt es methodische Probleme: Wir sind auf Indikatoren angewiesen, die wir durch unser Interview erhoben haben. Diese Indikatoren - Antworten auf bestimmte Fragen - sind aber nicht immer eindeutig im Sinne der Orientierungstypen zu interpretieren. Hinzu kommen die Probleme der Gewichtung. Die Indikatoren sind sicher nicht immer gleich bedeutend im Hinblick auf eine Orientierungsdimension, aber jeder Versuch, ihre Bedeutung genauer zu quantifizieren, ist zum Scheitern verurteilt oder führt zu kaum noch interpretierbaren methodischen Artefakten.
Dann gibt es aber auch Unschärfen, die in der Sache selber begründet sind. Orientierungstypen wie "institutionell-integriert" oder "kritisch-engagiert" sind Konstrukte, die in der sozialen Wirklichkeit keine eindeutige und klar abgegrenzte Bedeutung haben. Ein Beobachter kann ziemlich genau feststellen, wieviel Räume eine Wohnung hat. Eine vergleichbare Präzision ist aber für "Orientierungstypen" nicht erreichbar, weil diese Phänomene auch in der sozialen Realität nicht klar umrissen sind und sich nur über Symptome erfassen lassen.
Was wir hier ermitteln können, sind nur sehr grobe Dimensionen. Wir können aufzeigen, welche größenmäßige Bedeutung diese Orientierungen ungefähr haben und wir können untersuchen, in welchen Teilgruppen der Jugendlichen der eine oder andere Typ besonders bedeutsam ist.

---

[20] Vgl. D. Baacke, W. Ferchhoff: Jugend und Kultur, in: H.-H. Krüger (Hg.), Handbuch der Jugendforschung, Opladen 1993, S.403-446

Institutionell-integrierte Jugendliche

In der jugendsoziologischen Forschung ist man sich weitgehend einig, daß im Widerspruch zu allen spektakulären Meldungen in öffentlichkeitswirksamen Medien von der Mehrheit der Jugendlichen Orientierungen und Verhaltensweisen gezeigt werden, die auf eine relativ starke institutionelle Integration hindeuten. Kennzeichen einer solchen Orientierung sind:
* ein relativ unauffälliges Verhalten,
* eine Orientierung an Werten wie Ausbildung, Leistung und Arbeit,
* die Mitgliedschaft in Vereinen,
* eine relativ starke Familienorientierung.

Dieser Orientierungstyp läßt sich mit Indikatoren aus unserer Untersuchung relativ gut beschreiben.

Als institutionell integriert gilt:
1. Wer Mitglied in einem Verein ist
2. Wer die Eltern als häufigste oder zweithäufigste Freizeitpartner einstuft oder als Ort, an dem man sich in der Freizeit häufig aufhält, "zuhause in der Wohnung" genannt hat.
3. Wer mindestens eine der folgenden Tätigkeiten besonders gerne ausübt: lesen, Musik machen/singen, Malen/Zeichnen/ Fotografieren/Filmen, Basteln/Reparieren/Handarbeiten, Sammeln, Spiele wie Schach, Karten, Billard, kulturelle Veranstaltungen besuchen, Wandern/Radtouren unternehmen.
4. Wer die berufliche oder persönliche Weiterbildung als besonders wichtig für die Freizeitgestaltung ansieht.

Jugendliche, die in hohem Maße institutionell integriert sind, haben die folgenden Merkmale: Sie verbringen ihre Freizeit sehr oft mit den Eltern oder/und zuhause. Sie sind Mitglied in einem Verein. Sie lesen, musizieren, malen, sammeln oder photographieren in ihrer Freizeit. Sie basteln oder spielen gerne. Sie wandern gerne und unternehmen Radtouren. Sie sind an ihrer persönlichen und beruflichen Weiterbildung interessiert und besuchen hin und wieder kulturelle Veranstaltungen.

Natürlich haben nur wenige Jugendliche alle diese Merkmale. Aber immerhin sind in Pforzheim bei rund 70 Prozent aller Jugendlichen diese Merkmale weitgehend erfüllt. Nur sieben Prozent der Jugendlichen müssen als "nicht-integriert" oder "schwach integriert" eingestuft werden (= kein oder nur ein Merkmal).

Tabelle 12: Institutionelle Integration von Jugendlichen

	Institutionelle Integration					alle
	keine	schwach	mittel	stark	sehr stark	
mindestens eine der folgenden Tätigkeiten wird gerne getan: lesen, musizieren, malen, fotographieren, basteln, Spiele, kult.Veranstaltungen, wandern, Radtouren	0	6	35	73	91	65
Mitglied in einem Verein	0	22	29	54	100	59
Freizeit wird häufig zuhause verbracht	0	47	62	85	91	79
Eltern sind wichtige Freizeitpartner	0	31	38	48	49	45
sich weiterbilden ist eine wichtige Freizeitbeschäftigung	0	25	61	75	100	75
100 % =	5	36	137	249	160	587

Zwischen Jungen und Mädchen gibt es keinen nennenswerten Unterschied. Auch die Sozialmerkmale Staatsangehörigkeit und Familientyp haben keine signifikante Beziehung zu dem Typ "institutionell-integrierte Orientierung". Wichtig ist jedoch das Alter: Mit zunehmendem Alter verringert sich der Anteil der "institutionellintegrierten Jugendlichen" - hat aber auch in der Altersgruppe der 16jährigen und älteren immer noch einen Anteil von 67 Prozent. Relativ deutliche Beziehungen bestehen auch zur Schulbildung und zur Berufsposition der Eltern. Bei den Haupt- und Förderschülern ist der Anteil der "institutionell-integrierten Jugendlichen" am geringsten und bei den Gymnasiasten am höchsten. Mit zunehmendem Sozialstatus der Eltern steigt auch der Anteil der "institutionell-integrierten Jugendlichen". Die Unterschiede sind zwar deutlich (vgl. Abb. 27), aber in allen untersuchten Gruppen bilden die institutionell-integrierten Jugendlichen immer eine deutliche Mehrheit.

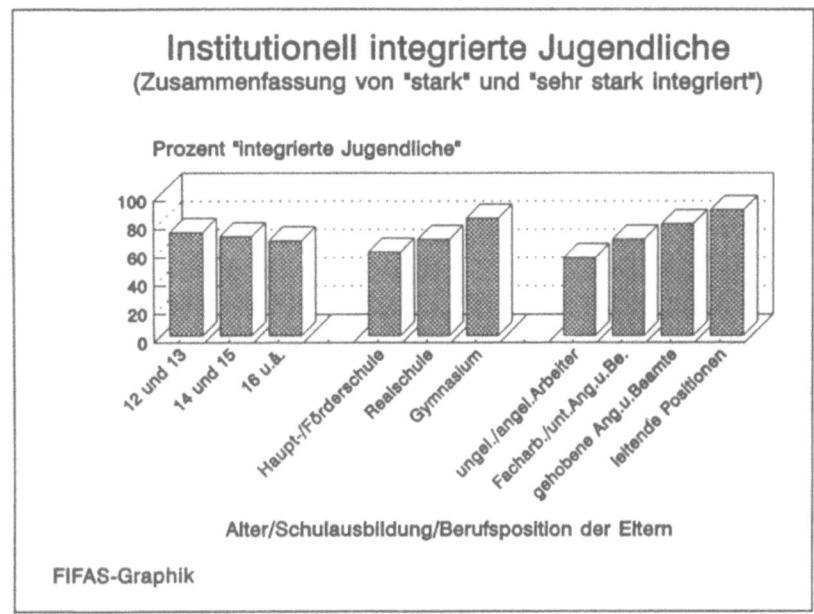

Abb. 27

Hedonistische Orientierungen

Von einer "hedonistischen Orientierung" sprechen wir, wenn ein großes Interesse daran besteht, die auf Jugendliche zugeschnittenen Vergnügungs- und Konsumangebote zu nutzen.

Um diese Orientierung zu erfassen, wurden die folgenden Indikatoren berücksichtigt:
1. Mindestens eine der folgenden Tätigkeiten wird als besonders gerne ausgeübte Freizeitbeschäftigung genannt: durch die Innenstadt bummeln, eine Discothek besuchen, ins Kino gehen, Konzerte für Jugendliche besuchen (z.B. Rockkonzerte), Gaststätte/Café aufsuchen.
2. Sich entspannen und abschalten wird als besonders wichtig für die Freizeitgestaltung genannt und/oder für die Freizeitgestaltung gilt es als besonders wichtig, wenn man den eigenen Neigungen ungestört nachgehen kann.
3. Diskothek, Gaststätten oder Cafés sind Orte, an denen man sich in der Freizeit häufig aufhält.
4. Auf die offene Frage nach häufigen Freizeitbeschäftigungen wird eine Tätigkeit genannt, die sich als "Ausgehen" einstufen läßt.

Jugendliche mit einer hedonistischen Orientierung haben die folgenden Merkmale: Sie bummeln gerne in der City, besuchen Discos, gehen gerne ins Kino oder in Konzerte für Jugendliche. Sie suchen häufig Gaststätten und Cafés auf und für ihre Freizeit ist es ihnen besonders wichtig, daß sie entspannen und abschalten können und daß sie ungestört ihren Neigungen nachgehen können.

Tabelle 13: Hedonistische Orientierungen von Jugendlichen

	hedonistische Orientierung					alle
	keine	schwach	mittel	stark	sehr stark	
mindestens eine der folgenden Tätigkeiten wird gerne getan: Innenstadt bummeln, Jugendkonzerte besuchen, ins Kino gehen	0	6	32	57	100	42
Disco ist ein häufiger Freizeitort	0	0	5	34	73	22
Gaststätte ist ein häufiger Freizeitort	0	0	4	30	60	19
Ausgehen ist eine wichtige Freizeitbeschäftigung	0	20	77	100	100	69
sich entspannen ist wichtig für die Freizeit	0	74	85	91	100	82
ungestört den eigenen Neigungen nachgehen ist wichtig für die Freizeit	0	83	85	83	94	84
100 % =	30	145	170	140	103	588

Bei rund 40 Prozent der Pforzheimer Jugendlichen sind die Merkmale einer hedonistischen Orientierung weitgehend erfüllt. Von den Mädchen entsprechen deutlich mehr dem Typ "hedonistische Orientierung": 47 Prozent gegenüber nur 35 Prozent bei den Jungen. Mit zunehmendem Alter nimmt der Anteil von Jugendlichen mit einer deutlichen hedonistischen Orientierung stark zu. Bei den jüngeren (12 und 13 Jahre) haben nur 23 Prozent diese Orientierung. Bei den älteren Jugendlichen (16 Jahre und älter) sind es schon etwas mehr als 60 Prozent (Abb. 28).

Zwischen dem besuchten Schultyp, bzw. dem Schulabschluß und einer hedonistischen Orientierung besteht kein signifikanter Zusammenhang. Auch die soziale Position der Eltern korreliert nicht mit einer hedonistischen Orientierung.

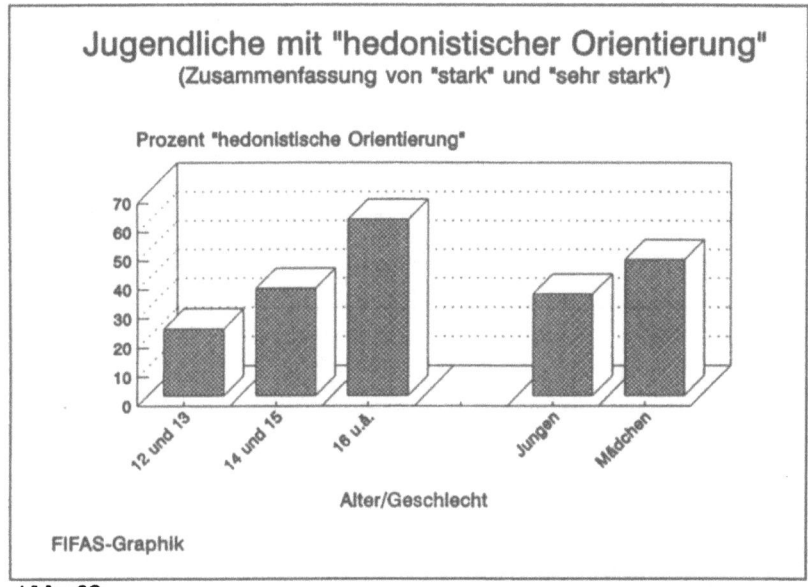
Abb. 28

Kritisch-engagierte Jugendliche

Dieser Orientierungstyp beschreibt Jugendliche, die besonders stark an sozialen und politischen Problemen interessiert sind und sich auch in ihrer Freizeit intensiv damit auseinandersetzen.

Diese Orientierung wird über die folgenden Indikatoren bestimmt:
1. Sich mit sozialen Problemen auseinanderzusetzen, wird als besonders wichtig für die Freizeitgestaltung gesehen.
2. Für die Gestaltung der Freizeit ist es wichtig, sich mit Fragen nach dem Sinn des Lebens zu beschäftigen.
3. Als besonders wichtige Freizeitbeschäftigung wird genannt, daß man sich politisch betätigt.

Von den kritisch-engagierten Jugendlichen wissen wir, daß sie sich in ihrer Freizeit auch mit sozialen Problemen auseinandersetzen. Sie machen sich Gedanken über den Sinn des Lebens und sind der Meinung, daß man sich in der Freizeit politisch betätigen muß.

In diesem Sinne läßt sich nur bei knapp fünf Prozent der Pforzheimer Jugendlichen eine kritisch-engagierte Orientierung beobachten. Wird der Maßstab etwas weniger hoch gesetzt, lassen sich weitere 20 Prozent der Jugendlichen als kritisch-engagiert einstufen: Sie sehen es als wichtig an, nach dem Sinn des Lebens zu fragen und wollen sich auch mit sozialen Problemen auseinandersetzen, aber sie signalisieren keine Bereitschaft, sich in der Freizeit politisch zu betätigen. Bei der ganz überwiegenden Mehrheit (75 Prozent) lassen sich keine oder nur sehr schwache Anzeichen für eine kritisch-engagierte Orientierung erkennen.

Tabelle 14: Kritisch-engagierte Orientierungen von Jugendlichen

	kritisch-engagierte Orientierung				alle
	keine	schwach	mittel	stark	
Es ist wichtig, sich in der Freizeit mit dem Sinn des Lebens zu beschäftigen	0	43	89	100	40
Sich mit sozialen Problemen beschäftigen, ist wichtig für die Freizeit	0	54	93	100	45
Sich politisch betätigen, ist wichtig für die Freizeit	0	3	18	100	10
100 % =	203	234	120	28	585

Zwischen Jungen und Mädchen besteht im Hinblick auf eine kritisch-engagierte Orientierung kein deutlicher Unterschied. Bei den älteren Jugendlichen ist der Anteil der kritisch-engagierten deutlich höher als bei den jüngeren. Auch die Schulbildung und die soziale Position der Eltern korreliert mit einer kritisch-engagierten Orientierung. Sie ist bei Gymnasiasten am häufigsten beobachtbar und bei Hauptschülern am seltensten. Einen spürbaren Einfluß hat auch die soziale Position der Eltern. Bei den Arbeiterkindern ist der Anteil der kritisch-engagierten am geringsten und bei den Kindern von Eltern in leitenden Positionen am höchsten. (Vgl. Abb. 29) Die Zusammenhänge sind relativ deutlich, aber in allen Ausbildungs-, Alters- und Berufsgruppen-Kategorien ist der Anteil der Jugendlichen, bei denen keine oder nur eine sehr schwache kritisch-engagierte Orientierung beobachtbar ist, eindeutig am höchsten.

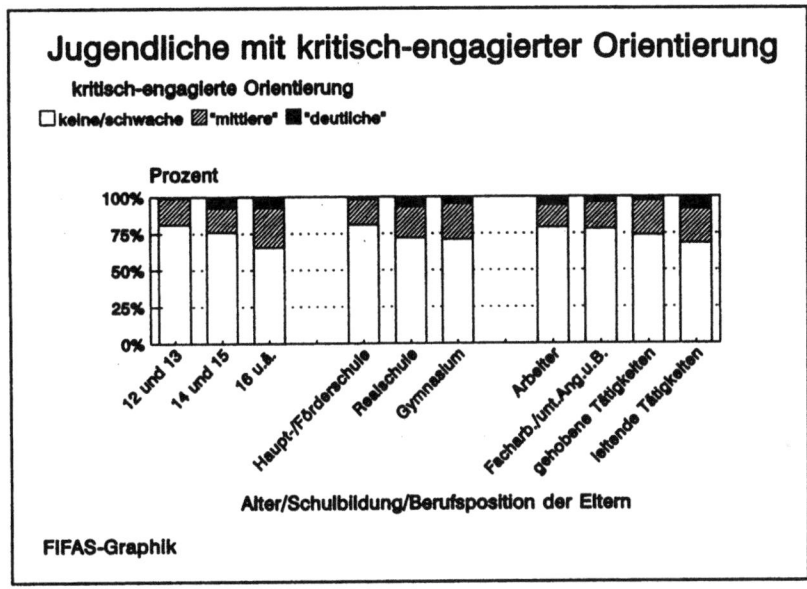

Abb. 29

Medienorientierte Jugendliche

Die Angebote der Medien - Fernsehen, Verkabelung, Video, Computer und Computerspiele - bieten Jugendlichen ganz neue Möglichkeiten der Freizeitgestaltung. Kann man aber schon von einer "Medienabhängigkeit" sprechen, wie das oft getan wird? Wir sind etwas vorsichtiger und verwenden lieber den Begriff "medienorientierte Jugendliche". Das sind Jugendliche, für die das Fernsehen, Videos oder der Computer eine relativ große Bedeutung für die Freizeitgestaltung haben.

Die Medienorientierung von Jugendlichen wird über die folgenden Indikatoren eingestuft:
1. In der Freizeit beschäftigt man sich besonders gerne mit Fernsehen, Videos oder mit dem Computer
2. Wenn die Möglichkeit dazu bestünde, würde man sich auch gerne mehr mit Fernsehen, Video oder Computer befassen.
3. Bei der offenen Frage nach häufigen Freizeittätigkeiten werden Fernsehen, Video oder der Computer genannt.

Eine Medienorientierung liegt also vor, wenn erkennbar ist, daß der Computer oder das Fernsehen bzw. Video einen herausgehobenen Stellenwert in der Freizeit besitzen.

Die überwiegende Mehrheit der Pforzheimer Jugendlichen besitzt in diesem

Sinne keine Medienorientierung: Bei fast 60 Prozent der Jugendlichen ist keines der oben aufgeführten Merkmale erfüllt. Eine sehr starke Medienorientierung können wir gerade bei vier Prozent der Jugendlichen beobachten. Bei etwas großzügigerer Handhabung des Kriteriums müßten 16 Prozent der Pforzheimer Jugendlichen als medienorientiert eingestuft werden. Die Medien besitzen für die Freizeit von Jugendlichen also keineswegs den Stellenwert, der immer wieder angenommen wird. Medien gehören zwar zum Alltag, aber nur für eine sehr kleine Minderheit haben sie auch eine signifikante Bedeutung für die Freizeitgestaltung.

Tabelle 15: Medienorientierung von Jugendlichen

	Medienorientierung				alle
	keine	schwach	stark	sehr stark	
In der Freizeit beschäftigt man sich gerne mit Fernsehen, Video, Computer	0	25	79	100	20
Man würde sich gerne noch mehr mit Fernsehen, Video, Computer beschäftigen	0	62	76	100	30
In der offenen Frage werden Fernsehen, Video und Computer als wichtig für die Freizeit genannt	0	14	44	100	13
100 % =	335	162	72	22	591

Die Medienorientierung variiert sehr stark mit sozialen Merkmalen (Abb. 30 und Abb. 31). Die Jungen sind deutlich häufiger medienorientiert als die Mädchen. Mit zunehmendem Alter nimmt der Anteil der Medienorientierten ab. Für mehr als 90 Prozent der 16jährigen und älteren Jugendlichen haben die Medien keinen besonderen Stellenwert für die Freizeitgestaltung. Die Hauptschüler haben einen sehr viel höheren Anteil an Medienorientierten als die Gymnasiasten. Die Realschüler liegen dazwischen. Bei den Arbeiterkindern ist der Anteil der Medienorientierten erheblich höher als bei den Kindern von Eltern in leitenden Positionen. Die anderen Sozialgruppen liegen dazwischen. Diese Zusammenhänge sind deutlich, aber selbst bei den Arbeiterkindern ist der Anteil derjenigen, für die Medien keine nennenswerte Bedeutung hat mit 65 Prozent sehr hoch.

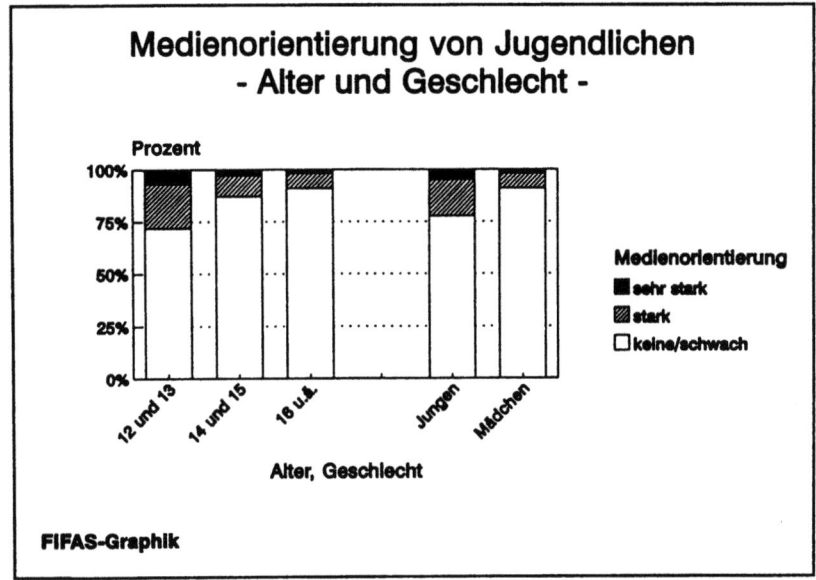

Abb. 30

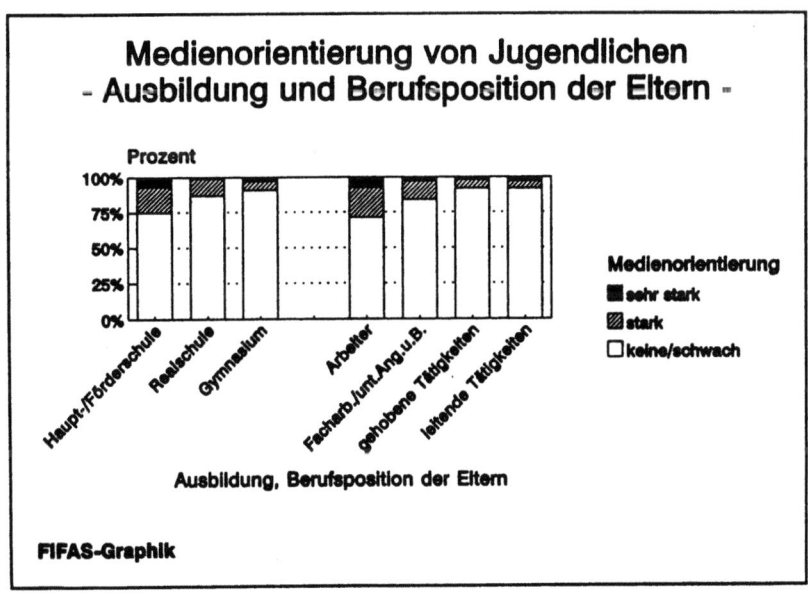

Abb. 31

Actionorientierte Jugendliche

Charakteristisch für diese Orientierung ist ein starkes Interesse an "action", verbunden mit der Bereitschaft, Konflikte auch durch körperbetonte Auseinandersetzungen auszutragen.

Eine Einstufung nach dem Grad der Actionorientierung erfolgt auf der Grundlage folgender Merkmale:
1. In der Freizeit wird mindestens eine der folgenden Beschäftigungen besonders gerne getan: Selbstverteidigung/Kampfsport, Body Building, Erlebnissport betreiben, mit dem Auto/Motorrad/Moped herumfahren.
2. Als Ort, an dem man sich häufig aufhält, wird das "Fitnesscenter" genannt.
3. Ein in der Freizeit häufig aufgesuchter Ort ist die Spielhalle.
4. Für die Freizeit ist es wichtig, daß man ordentlich einen drauf machen kann.

Actionorientierte Jugendliche haben die folgenden Merkmale: Sie betreiben Kampfsport bzw. Sport als Selbstverteidigung. Sie sind an Body Building und Erlebnissportarten interessiert. Wichtige Aufenthaltsorte in der Freizeit sind das Fitnesscenter und die Spielhalle. Und wenn sie alt genug dafür sind, fahren sie gerne mit dem Auto, Motorrad oder Moped umher. Für sie ist es wichtig, daß sie in der Freizeit "ordentlich einen drauf machen" können.

Fast 50 Prozent der Pforzheimer Jugendlichen erfüllen **keines** dieser Kriterien. Diejenigen, die nur ein Kriterium erfüllen, würden gerne einmal "einen drauf machen". Wenn man diese beiden Gruppen zusammenfaßt, haben 85 Prozent der Pforzheimer Jugendlichen keine oder allenfalls eine sehr schwache Actionorientierung. Weniger als ein Prozent (0.3 Prozent) müssen als "stark actionorientiert" eingestuft werden: Bei ihnen sind alle vier Merkmale gegeben. Rechnet man diejenigen dazu, die mit einer gewissen Deutlichkeit eine Actionorientierung erkennen lassen (drei Kriterien sind erfüllt), dann kommt man für Pforzheim auf einen Anteil von nicht mehr als drei Prozent actionorientierter Jugendlicher.

Die Actionorientierung variiert vor allem mit dem Geschlecht und mit dem Alter. Eine starke Actionorientierung kommt bei Mädchen so gut wie gar nicht vor und gewinnt erst in der Altersgruppe der 16jährigen und älteren eine gewisse Bedeutung. Aber auch bei den älteren Jugendlichen läßt sich nur für eine sehr kleine Minderheit von gerade sechs Prozent eine deutlichere Actionorientierung erkennen.

FIFAS-Studie: Jugendliche in Pforzheim 1994 95

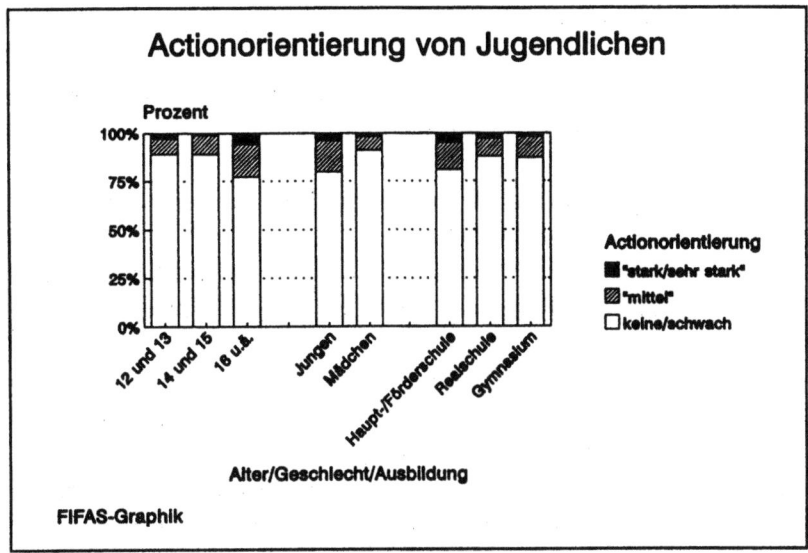

Abb. 32

Tabelle 16: Actionorientierung von Jugendlichen

	Actionorientierung					alle
	keine	schwach	mittel	stark	sehr stark	
In der Freizeit beschäftigt man sich gerne mit Selbstverteidigung, Kampfsport, Body Building, Erlebnissport, Herumfahren mit Auto, Motorrad, Moped	0	18	74	81	100	18
Das Fitnesscenter ist ein Ort, wo man sich in der Freizeit häufig aufhält	0	1	19	81	100	5
In der Freizeit hält man sich häufig in der Spielhalle auf	0	6	24	44	100	7
Für die Freizeit ist es wichtig, daß man ordentlich einen drauf machen kann	0	75	82	94	100	41
100 % =	274	225	68	16	2	585

Jugendkulturelle Orientierungen in verschiedenen Stadtgebieten

Die Abbildungen 33 bis 37 zeigen, welchen Anteil verschiedene Orientierungen in den unterschiedlichen Stadtgebieten haben. Die folgenden Besonderheiten erscheinen uns bemerkenswert:

* In der Oststadt ist der Anteil der relativ stark integrierten Jugendlichen deutlich niedriger als im übrigen Stadtgebiet.
* Die höchsten Anteile von Jugendlichen mit relativ starken hedonistischen Orientierungen haben die Stadtgebiete Innen-/Weststadt, die Südweststadt und Eutingen.
* Der Anteil von Jugendlichen mit deutlicher kritisch-engagierter Orientierung ist am höchsten in der Südweststadt. Relativ hohe Anteile haben auch die Südoststadt/Au, Brötzingen/Arlinger und Eutingen.
* Der Anteil von Jugendlichen mit stärker ausgeprägter Medienorientierung ist in der Nordstadt am höchsten. Einen relativ hohen Anteil haben auch die Gebiete Würm/Hohenwart/Huchenfeld und Innen-/Weststadt.
* Den höchsten Anteil von actionorientierten Jugendlichen hat die Innen-/Weststadt. Einen relativ hohen Anteil haben auch Brötzingen/Arlinger und die Oststadt. Aber auch in diesen Gebieten ist der Anteil der Actionorientierten deutlich unter 10 Prozent.

Abb. 33

FIFAS-Studie: Jugendliche in Pforzheim 1994

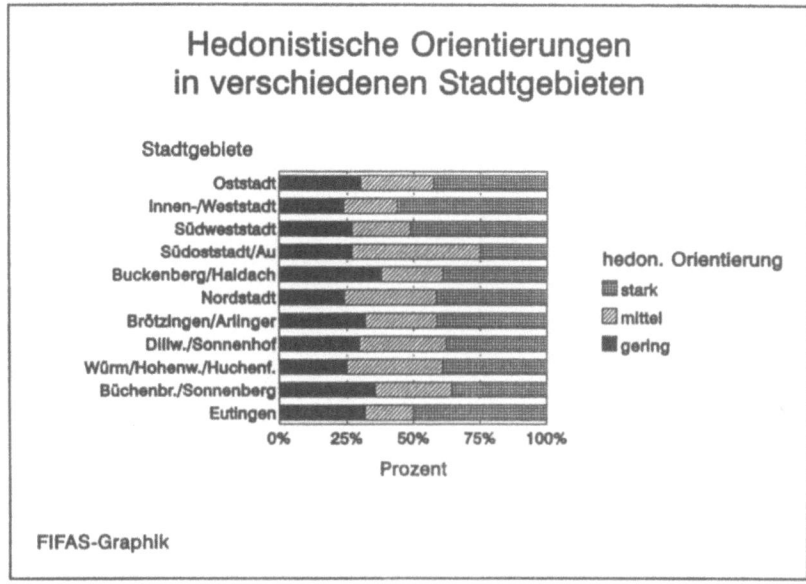

Abb. 34

Abb. 35

98 FIFAS-Studie: Jugendliche in Pforzheim 1994

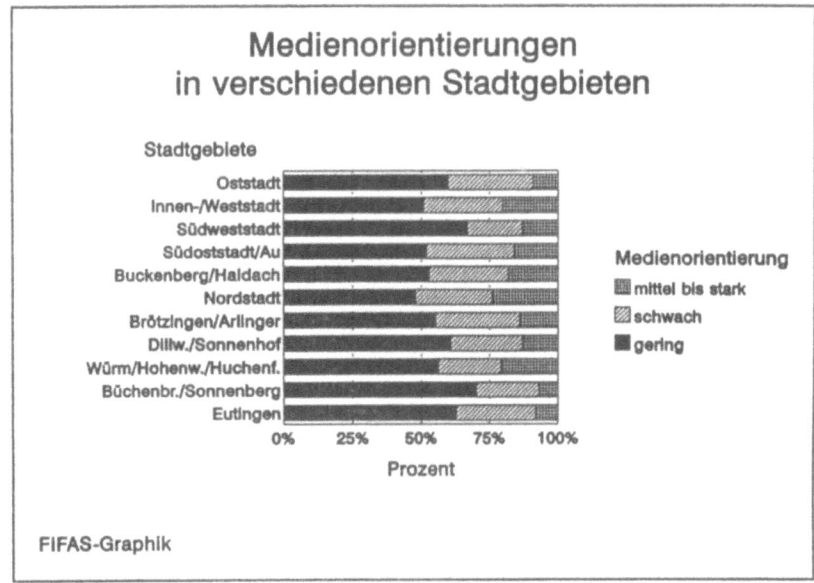

Abb. 36

Abb. 37

Soziales und jugendkulturelles Kapital - Orientierungstypen

Freizeitbeschäftigungen und Orientierungstypen sind bei Jugendlichen nicht zufällig verteilt. Individualisierung und eine Tendenz zur Destandardisierung der Jugendbiographie haben zwar dazu geführt, daß Freizeitpräferenzen nicht mehr so eindeutig sozialen Lagen zugeordnet werden können. Diese Entkoppelung ist allerdings keineswegs durchgängig beobachtbar. Um das zu zeigen, haben wir die Typen zur Beschreibung von Orientierungen in einem Koordinatensystem abgebildet, das durch die Achsen "soziales Kapital" und "jugendkulturelles Kapital" definiert wird (vgl.Kap.IV). Dabei lassen sich einige Konstellationen erkennen, die vielleicht zu einem besseren Verständnis der Situation von Jugendlichen beitragen:

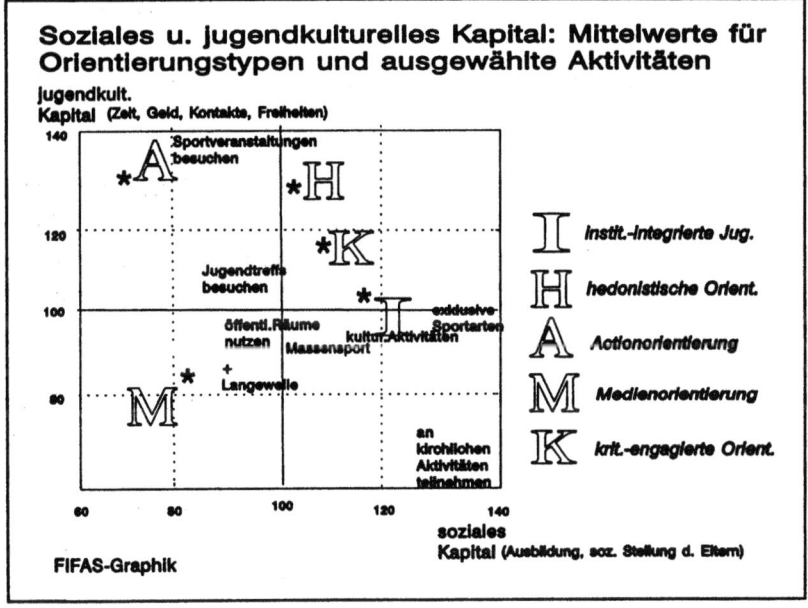

Abb. 38

Die Abbildung zeigt, daß Jugendliche mit hedonistischer und kritisch-engagierter Orientierung im Hinblick auf soziales und jugendkulturelles Kapital ganz ähnliche Mittelwerte haben. Und die institutionell-integrierten Jugendlichen unterscheiden sich von den kritisch-engagierten nicht sehr stark. Deutlich verschieden von diesen drei Typen sind jedoch Jugendliche mit starker Action- und Medienorientierung.

Die **medienorientierten Jugendlichen** sind in doppelter Hinsicht benachteiligt. Sie haben im Durchschnitt ein sehr niedriges soziales Kapital, aber auch ihr jugendkulturelles Kapital ist im Vergleich zum Durchschnitt in Pforzheim sehr gering. Eine stark ausgeprägte Medienorientierung findet sich also besonders unter solchen Jugendlichen, die schlechte soziale Startchancen haben und die auch nur sehr eingeschränkt an jugendspezifischen Aktivitäten teilnehmen können. Sie sind weniger in Cliquen eingebunden, haben weniger Zeit und Geld und können auch weniger über Freiheiten verfügen. Das hängt z.T. mit dem Alter zusammen, aber ein nicht unbeträchtlicher Anteil der eingeschränkten Verfügbarkeit über jugendkulturelle Ressourcen ist nicht über das Alter erklärbar.

Bemerkenswert ist, daß medienorientierte Jugendliche und Jugendliche, die in ihrer Freizeit oft Langeweile erfahren, sich im Hinblick auf die Verfügbarkeit über soziales und jugendkulturelles Kapital sehr ähnlich sind. Hier scheint es sich um Orientierungen bzw. um Zustände zu handeln, die sehr eng an diese doppelte Benachteiligung gebunden sind.

Auch die **actionorientierten Jugendlichen** sind in sozialer Hinsicht benachteiligt. Ihr soziales Kapital ist sehr viel niedriger als im Durchschnitt von Pforzheim. Diese Jugendlichen haben aber in hohem Maße jugendkulturelles Kapital. Sie haben relativ viel Zeit und Geld, sie sind in Cliquen organisiert und können über viele Freiheiten verfügen. Bevorzugte Aufenthaltsorte in der Freizeit sind die Spielhalle und die Diskothek. Langeweile kommt eher selten vor.

Die Gruppe der Actionorientierten ist sehr klein. Sie hat nach unserer Einschätzung nur einen Anteil von maximal drei Prozent. Die Konstellation "niedriges soziales Kapital in Verbindung mit hohem jugendkulturellem Kapital" kommt im Stadtgebiet jedoch häufiger vor. Wir schätzen, daß rund 10 Prozent der Jugendlichen dieser Konfiguration entsprechen (vgl. Kap. IV). Es ist deshalb sicher wichtig, wenn diese Konstellation - schlechte Startchancen verbunden mit einer relativ guten Verfügbarkeit über wichtige jugendkulturelle Ressourcen - im Auge gehalten wird. Diese Jugendlichen haben relativ viel Zeit und sehr viele Freiheiten - aber ihre sozialen Chancen sind eher ungünstig. Vor allem für präventive Ansätze in der offenen Jugendarbeit dürfte das eine sehr wichtige Zielgruppe sein.

Noch eine Überlegung ist wichtig: Die Situation auf der Achse "soziales Kapital" ist im Verlauf der Jugendbiographie kaum änderbar. Was sich dagegen ändert, ist die Verfügbarkeit über jugendkulturelles Kapital. Der spezifische Typ der Benachteiligung von actionorientierten Jugendlichen - niedriges soziales, aber hohes jugendkulturelles Kapital - ist für diese Jugendlichen aus einer Konstellation entstanden, die für medienorientierte Jugendliche charakteristisch ist: niedriges soziales und niedriges jugendkulturelles Kapital. Die Medienorientierten werden sich mit zunehmendem Alter auf die Konstellation der Actionorientierten hin bewegen: ihre Freizeitressourcen werden zunehmen, aber ihr soziales Kapital wird sich kaum verändern. Die Frage ist nun, ob sie im Verlauf dieser Entwicklung auch ihre Orientierung wechseln. Werden aus den Medienorientierten in ein paar Jahren die Actionorientierten? Das wissen wir nicht, aber es ist zu vermuten. Dafür spricht, daß eine starke Medienorientierung sehr eng mit der Erfahrung von Langeweile assoziiert ist und daß mit zunehmendem Alter das Interesse an den Medien deutlich abnimmt.

Kritisch-engagierte und **hedonistische Jugendliche** unterscheiden sich nicht sehr stark bezüglich des sozialen und jugendkulturellen Kapitals. Beide Orientierungen finden sich eher unter Jugendlichen, die auf beiden Dimensionen relativ hohe Durchschnittswerte haben. Bei den kritisch-engagierten Jugendlichen ist das soziale Kapital etwas höher: Sie haben im Durchschnitt eine etwas höhere Ausbildung und kommen etwas häufiger aus gehobenem sozialem Milieu. Bei den hedonistischen Jugendlichen ist das jugendkulturelle Kapital etwas höher: Sie haben etwas mehr Zeit, Geld und Freiheiten. Sie verfügen dafür aber nur über "mittlere" Startchancen: eine Ausbildung, die zu einem mittleren Abschluß führt und Eltern mit einer mittleren soziale Position.

Die kritisch-engagierten Jugendlichen sind nur eine Minderheit - nach unseren Schätzungen aber in einer durchaus beachtlichen Größenordnung von etwa einem Viertel der Jugendlichen in dieser Altersgruppe. Sie verfügen über ein überdurchschnittlich hohes soziales Kapital. Der Anteil der Gymnasiasten ist sehr hoch. Die Eltern haben meistens eine gehobene oder leitende Position. Ein besonderes Merkmal der kritisch-engagierten Jugendlichen ist, daß ihre Freizeitressourcen nur wenig über dem Durchschnitt liegen. Im Hinblick auf Zeit, Geld und Freiheiten werden sie zwar nicht gerade knapp gehalten, aber sie stehen sich doch deutlich ungünstiger als die "Hedonisten".

Hier handelt es sich um zwei Orientierungen, die zwar an gewisse soziale und jugendkulturelle Ressourcen gebunden sind, zwischen denen aber je nach Präferenz auch ein Wechsel möglich ist. Nicht selten treten beide Orientierungen auch gemeinsam auf. Ein deutliches Interesse für soziale und politische Themen schließt keineswegs aus, daß man auch an den für Jugendliche zugänglichen Vergnügungs- und Konsumangeboten interessiert ist.

Jugendliche mit **institutionell-integrierter Orientierung** haben im Durchschnitt das gleiche soziale Kapital wie die kritisch-engagierten. Sie können aber etwas weniger über Freizeitressourcen verfügen. Im Verlauf der altersgemäßen Entwicklung ist zu erwarten, daß ein Teil dieser Jugendlichen eine kritisch-engagierte oder eine hedonistische Orientierung übernimmt. Sehr unwahrscheinlich ist dagegen ein Wandel in Richtung auf eine Action- oder Medienorientierung, da diese Orientierungen an ganz andere Milieubedingungen gebunden sind.

VII. Angebote für Jugendliche

Jugendliche verfügen nicht nur über individuelle Freizeitressourcen, sondern es stehen ihnen auch Angebote der offenen Jugendarbeit zur Verfügung. Wie bekannt sind nun diese Angebote? Wie werden sie genutzt? Wer sind die Nutzer, wer die Nichtnutzer? Was gefällt den Jugendlichen an den Angeboten, was stört sie eher? Von der Pforzheimer Jugendhilfeplanung wurden uns Angebote vorgegeben, die wir im Hinblick auf diese Fragen untersuchen sollten. Das Spektrum der Einrichtungen beschränkt sich nicht auf die Jugendtreffs, sondern schließt auch die Beratungsstellen mit ein. Neben ihrer präventiven Tätigkeit, bieten diese Stellen wichtige Hilfen für Jugendliche in Problemlagen an. Zu den von uns berücksichtigten Angeboten gehört auch das örtliche Ferienprogramm.

1. "Was fehlt?" und "wo ist was los?"

Im Fragebogen wurde das Thema "Angebote" durch offene Fragen eingeleitet. Mit diesen Fragen wollten wir herausfinden, welchen Stellenwert diese Angebote überhaupt haben.

> Frage 55/56: Gibt es etwas, was Du in Pforzheim für Jugendliche besonders vermißt? (nein/ja) ggf. Nachfrage: An was denkst Du dabei?
>
> Frage 57: Wo kann man in Pforzheim hin, wenn man andere Jugendliche treffen möchte?
>
> Frage 58: Und wo geht man in Pforzheim hin, wenn man 'mal was Interessantes erleben möchte?

In diesen Fragen wurde das Thema "Einrichtungen" - Jugendzentren oder sonstige Angebote - **nicht** vorgegeben. Wenn Einrichtungen genannt wurden, dann hat das einen hohen Stellenwert, weil die Jugendlichen von sich aus darauf gekommen sind.

Etwas mehr als die Hälfte der Jugendlichen (56 Prozent) geben an, **nichts zu vermissen**. Der Anteil Jugendlicher, die **etwas vermissen** (44 Prozent), ist in allen Sozial- und Altersgruppen gleich hoch.

* **Weitere Jugendzentren** wünschen sich zwölf Prozent aller Pforzheimer Jugendlichen (n = 71). Leider ist die Fallzahl zu klein, um bei einer Differenzierung nach Stadtgebieten zu verläßlichen Anteilswerten zu gelangen. Hinsichtlich Alter, Geschlecht, Nationalität und Sozialstatus können wir keine signifikanten Besonderheiten feststellen.
* Genannt wurden weiterhin fehlende Angebote, die im Zusammenhang mit der städtebauliche Gestaltung, wie etwa den vorhandenen Spiel- und Sportmöglichkeiten, stehen: mehr Sportplätze (sechs Prozent), Basketballkörbe (fünf Prozent), Radwege (zwei Prozent), Freiflächen (zwei Prozent). Die **Gestaltung des Wohnumfeldes** hat also - wie bereits im Zusammenhang mit den Freizeitressourcen beschrieben wurde - einen eigenen Stellenwert für Jugendliche.
* Ein zu geringes **Angebot an Cafés und Kneipen** wird nur von vier Prozent der Jugendlichen bemängelt. Fünf Prozent sind mit dem bestehenden Diskothekenangebot unzufrieden.

Bemerkenswert ist, daß eher öffentliche und nicht so sehr kommerzielle Angebote vermißt werden.

Interessant sind auch die Antworten auf die Fragen, wo man "andere Jugendliche treffen kann" und "wo man hingeht, wenn man mal etwas Interessantes erleben möchte". Die Ergebnisse sind in Tabelle 17 dargestellt.
* Zwölf Prozent der Jugendlichen kennen keinen Ort, wo man andere treffen kann.
* 56 Prozent der Jugendlichen sind ratlos, wenn es darum geht, wo man etwas Interessantes erleben kann. Sieben Prozent äußern sogar explizit, daß nach ihrer Meinung "Angebote fehlen" oder "nichts los sei".

Die Antwortkategorien zu den Themen "Treffpunkte" und "Erlebnisqualität" decken sich nahezu vollständig. Die Orte, an denen man etwas Interessantes erleben kann, sind in der Regel auch die Orte, an welchen man andere Jugendliche trifft. Dabei sind die Anteilswerte hinsichtlich der Erlebnisqualität durchgängig niedriger.

Bei den Nennungen zur Frage nach Treffpunkten und Erlebnismöglichkeiten lassen sich drei größere Gruppen unterscheiden: kommerzielle Angebote, Jugendeinrichtungen und öffentliche Räume.

Kommerzielle Angebote

Kommerzielle Angebote sind Disco, Eishalle, Café, Kneipe, Schwimmbad und Kino. Bei der Frage nach Treffpunkt- und Erlebnismöglichkeiten werden Angebote dieser Art am häufigsten genannt. Knapp die Hälfte der Jugendlichen erwartet, hier andere Jugendliche zu treffen und rund 30 Prozent erwarten, dort etwas Interessantes zu erleben.

Tabelle 17: Wo trifft man andere Jugendliche und wo kann man etwas Interessantes erleben? (Frage 57/58) - Angaben in Prozent -

Hier kann man...	"Treffpunktqualität" ... hin, um andere Jugendliche zu treffen, sagen:	"Erlebnisqualität" ... etwas Interessantes erleben, sagen:
öffentliche Räume	30	13
- in die Stadt	23	8
- Wald, Wiese, Park	4	2
- Bolzplatz	3	1
- Spielplatz	2	0
kommerzielle Angebote	46	29
- Disco	18	9
- Eishalle	17	7
- Café, Kneipe	16	2
- Schwimmbad	10	6
- Kino	6	9
Jugendeinrichtungen	35	4
- Jugendzentrum	35	3
- Jugendgruppe, Verein	5	1
sonstiges	13	13
keine Aussage, nichts bekannt	12	56

Prozentuierungsbasis: 591 Jugendliche, Mehrfachnennungen möglich

Jugendeinrichtungen

Als Gelegenheit andere Jugendliche zu treffen, werden Jugendeinrichtungen, wie etwa Jugendtreffs, Gruppen und Vereine genannt. Sportvereine und Sportveranstaltungen werden in diesem Zusammenhang übrigens kaum erwähnt, obwohl wir feststellen konnten, daß Sport mit zu den häufigsten Freizeitaktivitäten gehört und eine große Anzahl Jugendlicher in Sportvereinen organisiert ist. Wahrscheinlich steht in den Augen der Jugendlichen die sportliche Betätigung stärker im Vordergrund als die Begegnung und das Erleben. Bei den Jugendtreffs besteht hingegen eine starke Diskrepanz zwischen ihrer Funktion als Jugendtreffpunkt und der besonderen Erlebnisqualität. Während über ein Drittel der Jugendlichen dort hingehen würde, um andere Jugendliche zu treffen, empfehlen nur drei Prozent der Jugendlichen die Treffs, wenn man mal was Besonderes erleben möchte. Daraus kann man nun aber nicht auf die schlechte Qualität von Jugendzentren schließen. Unsere Untersuchung zeigt ja, wie wichtig die Jugendzentren als **Treffpunkte** für Jugendliche sind und daß sie in dieser Funktion auch in hohem Maße akzeptiert werden.

Öffentliche Räume

Knapp ein Drittel der Jugendlichen nutzt öffentliche Räume als Treffpunkt und für immerhin 13 Prozent der Jugendlichen haben sie eine erwähnenswerte Erlebnisqualität. Jugendliche treffen sich gerne in der Stadt, im Wohnquartier oder auf Spiel- und Bolzplätzen. Für die Jugendhilfeplanung ist es deshalb wichtig, diese hohe Bedeutung des Wohnumfeldes (z.B. als Cliquentreffpunkt) zu berücksichtigen. Für eine kinder- und jugendfreundliche Stadt sind nicht nur die Anstrengungen der Jugendhilfe maßgeblich, sondern es ist dringend erforderlich, daß die Stadtplanung die Bedeutung von Straßen und Plätzen als Aufenthaltsorte von Kindern und Jugendlichen angemessen berücksichtigt.

Nach dieser offenen Erkundung, was Pforzheimer Jugendliche vermissen und wo sie gerne hingehen, haben wir uns ausführlich mit der Bekanntheit und Nutzung organisierter Angebote beschäftigt. Dies sind Jugendzentren, Beratungsstellen, geschlechtsspezifische Angebote und das Ferienprogramm.

2. Die Jugendzentren und Jugendtreffs

Für die Pforzheimer Jugendzentren und Jugendtreffs können wir die folgenden Fragen beantworten:
* Wie häufig werden Jugendtreffs besucht und welche Jugendlichen sind häufiger oder seltener in diesen Einrichtungen anzutreffen?
* Wie bekannt sind einzelne Einrichtungen?
* Von welchen Jugendlichen werden sie bevorzugt genutzt?
* Welche Gründe geben Jugendliche an, die nie ein Jugendzentrum besuchen?
* Was gefällt den Pforzheimer Jugendlichen an ihren Jugendzentren und was gefällt ihnen nicht?

Bei den meisten dieser Themen können wir einen Vergleich mit der Situation und den Interessen Pforzheimer Jugendlicher von vor 15 Jahren anstellen. Um dies zu ermöglichen, hatten wir die Fragestellung der ersten Untersuchung wo immer möglich beibehalten.

2.1 Wer besucht die Pforzheimer Jugendzentren?

Wir haben die Jugendlichen gefragt, ob sie hin und wieder einen Pforzheimer Jugendtreff besuchen und wie häufig sie dies gegebenfalls tun (Abb. 39). Etwas mehr als die Hälfte der Jugendlichen besucht zumindest gelegentlich einen Jugendtreff. Knapp zehn Prozent tun dies sogar regelmäßig. Das Alter der Jugendlichen hat dabei keinen Einfluß auf die Besuchshäufigkeit.

Unterschiede im Besuchsverhalten sind hingegen zwischen Jungen und Mädchen festzustellen. Während 56 Prozent der Mädchen "nie" ein Jugendzentrum besuchen, ist dies bei lediglich 39 Prozent der männlichen Befragten der Fall. In den vergangenen fünfzehn Jahren hat sich die Schere zwischen den männlichen und weiblichen Besucherzahlen weiter geöffnet. Betrug die Differenz damals etwa fünf Prozent, so sind es heute bereits 17 Prozent Unterschied. Wie wir noch zeigen werden, sind die Unterschiede zwischen den einzelnen Jugendzentren durchaus beachtlich.[21] Leider liegen keine geschlechtsspezifischen Angaben zur damaligen Nutzung der Jugendzentren vor, so daß wir der interessanten Frage, ob hier ein ge-

---

[21] Bezüglich der Ergebnisse von 1979 beziehen wir uns auf den Kommunalen Jugendhilfeplan, Materialband A, veröffentlicht vom Amt für Wirtschaft, Verkehr und Statistik der Stadt Pforzheim. Die Zahlen zu den Jugendfreizeitstätten finden sich auf S. 140 ff. und S.308 ff.

schlechtsbezogener Segregationsprozeß zwischen den einzelnen Einrichtungen stattgefunden hat, nicht weiter nachgehen können.

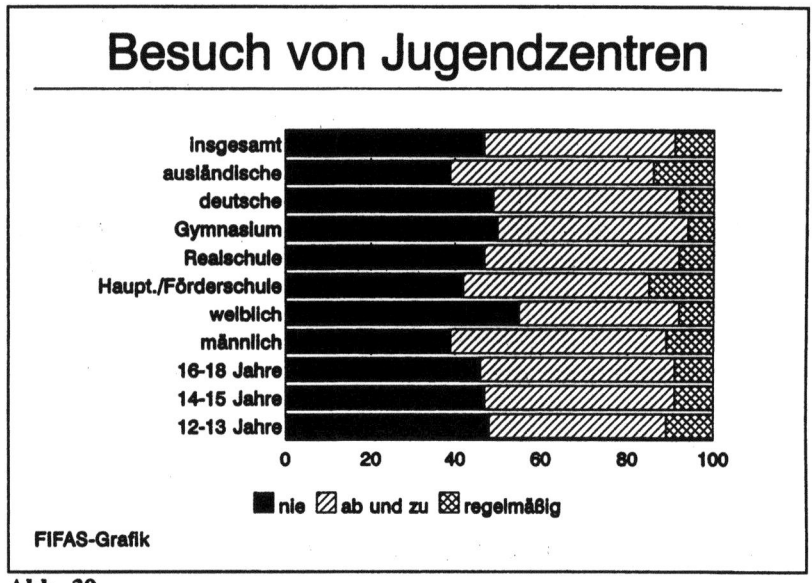

Abb. 39

In Bezug auf die Nutzung ergeben sich hinsichtlich des besuchten Schultyps und der Nationalität Unterschiede. Der Anteil der Besucher von Jugendzentren ist bei den Hauptschülern am größten. 15 Prozent von ihnen besuchen regelmäßig einen Jugendtreff. Ihr Interesse an einem regelmäßigen Besuch von Jugendzentren ist etwa doppelt so groß wie bei Gymnasiasten. Die sozial unterschiedliche Präferenz beim Besuch von Jugendzentren zeigt sich auch bei einer Differenzierung nach dem Berufsstatus der Eltern. Gehen die Eltern einer leitenden oder akademischen Tätigkeit nach, so ist die Nutzung eines Jugendzentrums unwahrscheinlicher. Ungefähr 44 Prozent der Jugendlichen aus diesen Familien geben an, ein Jugendzentrum mindestens gelegentlich zu besuchen, während das bei Jugendlichen mit Eltern in Arbeiter- oder Facharbeiterberufen bei 58 Prozent zutrifft.

Einen deutlichen Unterschied können wir auch hinsichtlich der Nationalität der Befragten feststellen. Von den ausländischen Jugendlichen besuchen etwa 60 Prozent zumindest gelegentlich ein Jugendzentrum, während dies bei etwa 50 Prozent der deutschen Jugendlichen der Fall ist. Die Besuchswahrscheinlichkeit wird zusätzlich vom Geschlecht beeinflußt. Während Jugendzentren von deutschen und ausländischen Mädchen etwa gleich häufig in Anspruch genommen werden (ca. 45 Prozent), unterscheiden sich die Jungen sehr deutlich. Über drei Viertel der ausländischen Jungen gehen regelmäßig oder ab und zu in ein Jugendzentrum. Eine unterschiedliche Nutzung von Jugendzentren kann auch hinsichtlich des Wohnorts festgestellt werden (Abb. 40).

Das Verhältnis von Besuchern zu Nichtbesuchern unterscheidet sich in einigen Stadtteilen beträchtlich. Während im gesamten Stadtgebiet etwa die Hälfte der Jugendlichen zumindest gelegentlich einen Jugendtreff besuchen, zählen in Buckenberg/Haidach fast drei Viertel der Jugendlichen zu den Nutzern. Einen mit 60 Prozent ebenfalls überdurchschnittlichen Besucheranteil kann man in der Oststadt feststellen. Unter dem Durchschnitt liegen die peripheren Stadtgebiete: Würm/-Huchenfeld/Hohenwart und Büchenbronn/Sonnenberg.

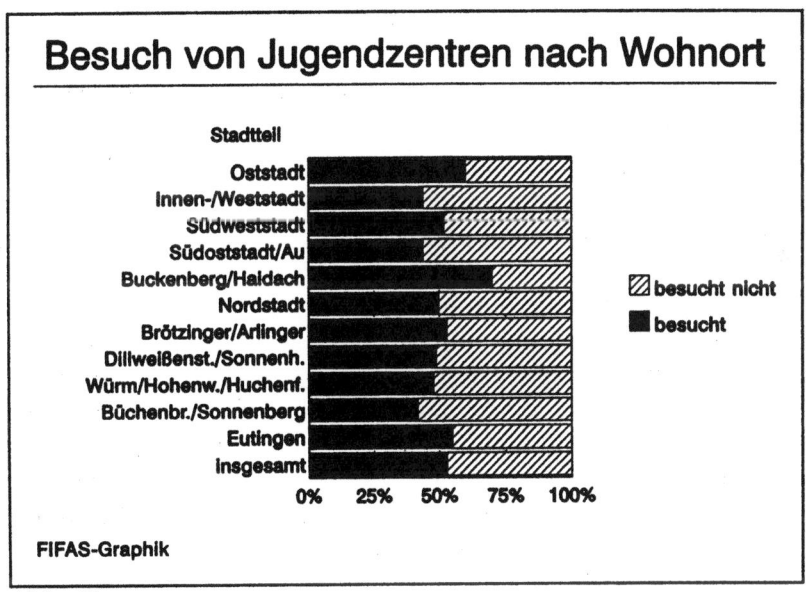

Abb. 40

Der unterschiedliche Nutzungsgrad in den verschiedenen Stadtteilen läßt sich sicherlich zum Teil durch die soziale Segregation des Stadtgebiets erklären, etwa durch einen höheren Hauptschüler- oder Ausländeranteil im jeweiligen Stadtteil.

Weiterhin wird wohl auch eine Rolle spielen, ob in der Nähe des Wohnortes überhaupt ein Angebot vorhanden ist. Der unterdurchschnittliche Nutzeranteil in den südlichen Randstadtteilen mag zum Teil darin begründet sein. Eine weitergehende Interpretation kann hier gegebenenfalls unter Berücksichtigung weiterer externer planerischer Daten, wie zum Beispiel der Lage bestehender Einrichtungen, erfolgen.

Bemerkenswert ist die im Verlauf der letzten 15 Jahre gewachsene Akzeptanz der Pforzheimer Jugendzentren. Heute besuchen etwa zehn Prozent mehr Jugendliche Jugendzentren als dies Ende der 70er Jahre der Fall war. Die häufigere Nutzung ist sicherlich auch durch das breiter ausgebaute Angebot mitbedingt. Erstaunen muß, daß dieses Angebot trotz der schärfer gewordenen Konkurrenz von kommerziellen Anbietern von den Jugendlichen in hohem Maße nachgefragt wird.

2.2 Bekanntheit der Jugendzentren und Treffs

Anhand einer Liste Pforzheimer Jugendtreffs haben wir die Jugendlichen weiterhin gefragt, welche Einrichtung ihnen bekannt ist (Tabelle 18). Diese Liste enthielt auch drei eher zielgruppenorientierte Einrichtungen: der Lilith Mädchentreff als geschlechtspezifisches Angebot sowie die Rumpelkammer und das Spielmobil mit ihrem offenen Angebot für jüngere Kinder.

Deutlich an der Spitze in der Bekanntheit steht das Haus der Jugend. Mehr als drei Viertel der Jugendlichen kennen diese Einrichtung. Mehr als die Hälfte der Jugendlichen kennt oder nutzt das Kupferdächle (58 Prozent) und das Spielmobil (55 Prozent). Die geschlechtspezifischen Unterschiede sind gering, wenn es um die Bekanntheit von Jugendtreffs geht. Eine Ausnahme macht lediglich der Lilith Mädchentreff und das Spielmobil. Während der höhere Bekanntheitsgrad von "Lilith" bei den Mädchen zu erwarten ist, überrascht der um elf Prozent höhere Bekanntheitsgrad des Spielmobils bei den Jungen.

Tabelle 18: Welchen Jugendtreff kennst Du?
- nach Alter und Geschlecht (in %) -

	12-13J.	14-15J.	16-18J.	männlich	weiblich	insgesamt
Bürgerhaus Buckenberg-Haidach	29	36	39	35	35	35
Club-Keller Sonnenhof	16	16	28	21	20	20
Eastend	15	39	54	36	39	37
Ev. Gemeindezentrum Buckenberg	27	24	20	21	26	24
Haus der Jugend	70	78	82	78	76	77
Jugendraum Unteres Enztal	5	5	7	6	6	6
Jugendräume Herrenstriet	5	3	9	7	5	6
Jugendtreff Nordstadt	17	26	31	24	26	25
Katzenkeller Büchenbronn	16	22	34	27	22	24
Kupferdächle	45	57	71	58	59	58
Lilith Mädchentreff	4	11	14	5	15	10
Rumpelkammer	9	12	14	12	12	12
Schlauch	15	34	58	37	36	37
Schloßbergzentrum	30	45	55	44	44	44
Spielmobil	64	50	51	60	49	55
Treff Brötzinger Rathaus	20	33	37	32	29	30
Basis (100% =)	185	190	216	307	284	591

Der Kenntnisstand über die Pforzheimer Jugendzentren wächst mit dem Alter. Die Angebotspalette wird im Verlauf der Jugendbiographie zunehmend bekannter. Sei dies durch den regelmäßigen Besuch eines Angebotes oder vielleicht weil man durch attraktive Veranstaltungen allmählich auch Jugendzentren außerhalb des eigenen Stadtteils kennenlernt. Über diesen allgemeinen Trend hinaus gibt es einige Jugendzentren, die bei den über 16jährigen Jugendlichen deutlich bekannter sind als bei den jüngeren. Dies sind vor allem der Schlauch, die Jugendräume Herrenstriet, das Eastend, der Mädchentreff Lilith sowie der Katzenkeller und der Club-Keller Sonnenhof. Eine vergleichsweise höhere Bekanntheit bei den jüngeren Jugendlichen hat das Spielmobil und das Evangelische Gemeindezentrum Buckenberg-Haidach.

Aber nicht nur hinsichtlich Geschlecht und Alter, sondern auch bezüglich der Nationalität und der besuchten oder abgeschlossenen Schulart gibt es Informationsunterschiede. Diese Unterschiede zeigen sich auch in der Besucherstruktur, die wir im folgenden beschreiben.

2.3 Die Besucherstruktur Pforzheimer Jugendtreffs

Da wir nicht nur nach der Kenntnis Pforzheimer Jugendtreffs gefragt haben, sondern auch wissen wollten, welche Einrichtung schon einmal besucht wurde, können wir untersuchen ob es Unterschiede in der Nutzerstruktur gibt. Allerdings sind bei der Interpretation dieser Ergebnisse einige Einschränkungen zu machen, da sich unsere Fragestellung auf einer sehr generellen Ebene bewegt. Ob eine Einrichtung genutzt wurde oder nicht, sagt noch nicht viel über die qualitative Bedeutung dieser Einrichtung aus. Die Nutzung kann regelmäßig erfolgen oder aber auch nur im Zusammenhang mit einem Konzertbesuch stattgefunden haben. Ebenfalls ist es offen, wann das Angebot zum letztenmal genutzt wurde. Um die qualitative Bedeutung von Jugendzentren im Lebensalltag Jugendlicher zu beurteilen, wäre also eine weit differenziertere Fragestellung notwendig gewesen. Berücksichtigt man diese Einschränkungen, so lassen sich aber auch im Rahmen unserer Untersuchung einige Aussagen machen.

Die Zahl der Besucher und Besucherinnen ist natürlich deutlich geringer als die Anzahl der Jugendlichen die die jeweilige Einrichtung kennen. Die Besucherzahl ist sogar teilweise so gering, daß sich bei unserer Stichprobengröße Grenzen der statistischen Analyse ergeben. Wir können deshalb für einige Einrichtungen keine Ergebnisse berichten. Wie sich die Besucherstruktur der übrigen Jugendtreffs hinsichtlich Alter und Geschlecht darstellt, kann aus Tabelle 19 entnommen werden.

Tabelle 19: Welchen Jugendtreff nutzt Du?
- nach Alter und Geschlecht (in %) -

	12-13J.	14-15J.	16-18J.	männlich	weiblich	Anzahl (=100%)
Bürgerhaus Buckenberg-Haidach	30	32	37	55	45	105
Club-Keller Sonnenhof	28	18	55	63	38	40
Eastend	6	30	64	52	48	81
Ev. Gemeindezentrum Buckenberg	43	31	26	49	51	61
Haus der Jugend	26	33	41	59	41	246
Jugendraum Unteres Enztal	...	...	...	...	...	10
Jugendräume Herrenstriet	...	...	...	...	...	8
Jugendtreff Nordstadt	22	24	53	57	43	49
Katzenkeller Büchenbronn	14	29	57	57	43	51
Kupferdächle	20	32	49	51	49	171
Lilith Mädchentreff	...	...	...	...	...	12
Rumpelkammer	...	...	...	...	...	19
Schlauch	0	17	83	56	44	59
Schloßbergzentrum	27	35	39	49	51	83
Spielmobil	44	28	27	63	37	187
Treff Brötzinger Rathaus	20	32	48	62	38	84
insgesamt	31	32	37	52	48	591

Die insgesamt häufigere Nutzung von Jugendzentren durch Jungen schlägt sich in den Ergebnissen der einzelnen Einrichtungen nieder. Der Anteil der männlichen Besucher ist um 10 bis 15 Prozent höher. Mit einem Anteil von etwa zwei Dritteln männlicher Besucher liegen dabei der Club-Keller Sonnenhof, der Jugendtreff Brötzinger Rathaus und das Spielmobil an der Spitze männlicher Besuchergunst. Einen Mädchenanteil, der in etwa dem Bevölkerungsanteil entspricht, erreichen das

Schloßbergzentrum, das Eastend, das Evangelische Gemeindezentrum Buckenberg-Haidach und das Kupferdächle.

Hinsichtlich der Altersgruppen verzeichnen der Schlauch (83 Prozent) und das Eastend (64 Prozent) einen recht hohen Anteil von Besuchern die älter als 16 Jahre sind. Den höchsten Anteil 12- bis 13jähriger Besucher hat das Evangelische Gemeindezentrum Buckenberg.

Unterschiede ergeben sich ebenfalls hinsichtlich der Nationalität und Schule (vgl. Tabelle 20). Den höchsten Ausländeranteil verzeichnen der Jugendtreff Brötzinger Rathaus und das Jugendzentrum Nordstadt. Die Jugendtreffs Brötzinger Rathaus und Nordstadt haben den höchsten Anteil an Hauptschülern unter den Besuchern. Bei den Besuchern der Jugendtreffs Schlauch, Katzenkeller und Kupferdächle dominieren die Gymnasiasten. Sie stellen hier in etwa die Hälfte der Besucher.

Tabelle 20: Welchen Jugendtreff nutzt Du?
- nach Schulstatus und Nationalität (in %) -

	Haupt-/Förderschule	Realschule	Gymnasium	Deutsche	Ausländer	insg. (=100%)
Bürgerhaus Buckenberg-Haidach	44	28	27	87	13	105
Club-Keller Sonnenhof	30	46	24	88	13	40
Eastend	27	34	39	65	35	81
Ev. Gemeindezentrum Buckenberg	37	27	37	93	7	61
Haus der Jugend	36	33	31	74	26	246
Jugendraum Unteres Enztal	...	...	...	...	...	10
Jugendräume Herrenstriet	...	...	...	...	...	8
Jugendtreff Nordstadt	48	38	15	57	43	49
Katzenkeller Büchenbronn	21	29	50	86	14	51
Kupferdächle	26	28	47	83	17	171
Lilith Mädchentreff	...	...	...	...	...	12
Rumpelkammer	...	...	...	...	...	19
Schlauch	24	25	51	85	15	59
Schloßbergzentrum	45	34	21	65	35	83
Spielmobil	27	33	40	84	16	187
Treff Brötzinger Rathaus	48	27	25	52	48	84
insgesamt	35	31	34	78	22	591

2.4 Welche Gründe geben Jugendliche an, die "nie in einen Jugendtreff gehen"?

Welche Gründe geben Jugendliche an, wenn sie Jugendzentren und -treffs grundsätzlich nicht in Anspruch nehmen? (vgl. Abb. 41).

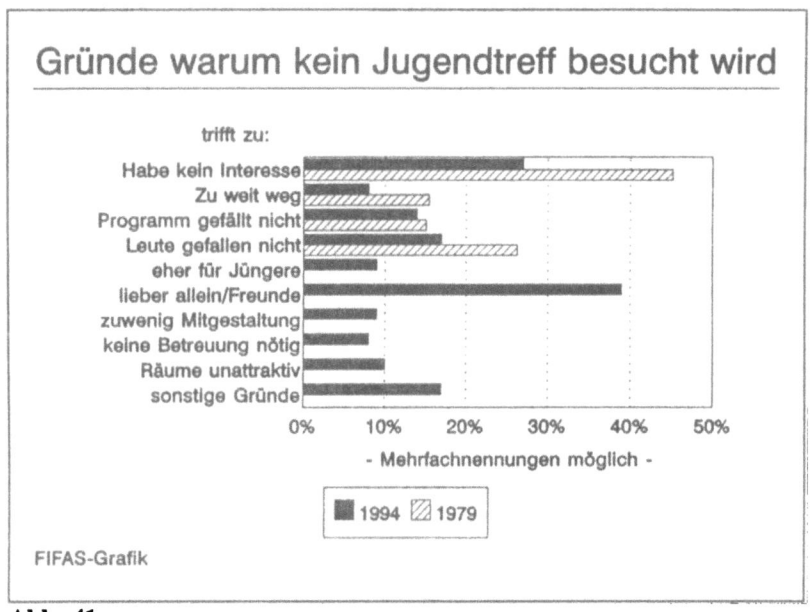

Abb. 41

Die meisten Jugendlichen geben an, lieber etwas allein bzw. mit Freunden zu unternehmen oder generell kein Interesse zu haben. Die übrigen Nennungen werden in der Regel von weniger als zehn Prozent der Befragten "als zutreffend" bezeichnet. Lediglich einer Kritik am Programm (14 Prozent) und an den Besuchern (17 Prozent) wird noch etwas häufiger zugestimmt. Insgesamt richtet sich die Kritik der "Nichtbesucher" kaum auf einzelne Punkte. Es sind also weniger spezifische Gründe die sie von einem Besuch der Jugendtreffs abhalten. Vielmehr scheinen sie auf Grund ihrer allgemeinen Freizeitorientierung diese Einrichtungen nicht zu nutzen.

Im Vergleich zu den Antworten der Pforzheimer Jugendlichen von vor 15 Jahren hat die Kritik zu einigen Punkten sogar deutlich abgenommen: "Kein Interesse an solchen Treffs" hatten damals 45 Prozent der Befragten, mit "den Leuten unzufrieden" waren 26 Prozent. Auch der Grund, daß ein Jugendzentrum "zu weit weg" sei, wird seltener genannt. Dies kann sowohl in einem verbesserten Angebot, wie auch in einer gestiegenen Mobilität der Jugendlichen begründet sein. Da die Anzahl der Antwortvorgaben erweitert wurde, sollte dieser Vergleich nur unter Vorbehalt betrachtet werden. Es ist nicht auszuschließen, daß 1979 etliche Jugendliche "kein Interesse" genannt haben, weil sie weniger Antwortalternativen hatten.

Um herauszufinden, ob es neben den von uns vorgeschlagenen Ablehnungsgründen noch andere Ursachen gibt, haben wir in offener Form nachgefragt. Insgesamt 98 Befragte haben uns weitere Gründe genannt. Unter diesen Nennungen gibt es allerdings lediglich vier Bereiche, die häufiger als zehnmal genannt wurden:
"habe keine Zeit" (16)
"meine Freunde bzw. die Clique gehen nicht hin" (13)
"Belästigungen/Aggressionen/Gewalt" (10)
"möchte nicht alleine dort hin" (10)

2.5 Was gefällt an den Jugendzentren und was gefällt nicht?

Um ein breites Bild über die Beurteilung der Jugendzentren und -treffs durch die Pforzheimer Jugendlichen zu erhalten, sollten die Befragten sagen, was ihnen an den Jugendzentren "gefällt" und was "eher nicht gefällt". Ungefähr zwei Drittel der Jugendlichen haben sich darüber geäußert, was ihnen gefällt. Meist wurde nur eine Antwort gegeben. 84 Jugendliche haben zwei und 22 Jugendliche haben sogar drei Bereiche genannt, die gut gefallen. Was beurteilen die Pforzheimer Jugendlichen nun besonders positiv an ihren Jugendzentren?

Treffpunkt mit anderen Jugendlichen

Die Pforzheimer Jugendtreffs werden ihrem Namen gerecht: die häufigsten positiven Nennungen zeigen, daß sie als Treffpunkt für Jugendliche anerkannt werden. Hier ist ein "Freiraum für Jugendliche", der die Möglichkeit bietet, "selbst etwas zu organisieren" und "andere Leute kennenzulernen". Sie sind auch "was für Jüngere" und eignen sich als "allgemeiner Treffpunkt" oder als "Cliquentreffpunkt". Nahezu ein Drittel der Jugendlichen haben sich in dieser Weise geäußert (30 Prozent). Typische Aussagen waren:
"Man kann andere Jugendliche treffen"
"Daß man sich dort treffen und reden kann"
"Daß sich dort Jugendliche treffen können und gemeinsam etwas unternehmen"

"Gut als Treffpunkt und für Unternehmungen"
"Jugendliches Publikum, keine Erwachsenen"
"Jugendliche sind für sich allein"
"Man lernt Leute kennen und kann tun was man will"

Programmangebot
An zweiter Stelle rangiert das Programmangebot, das etwa 20 Prozent der Jugendlichen gut gefällt. Gelobt wird zum einen die Infrastruktur, wie etwa der "Billardtisch", der "Kicker", "Tischtennis", "Bücherei" und das Spieleangebot allgemein. Aber auch das organisierte Programmangebot, wie etwa "Basteln" und "Theater/ Kultur" bis hin zu Ausflügen und Ferienfreizeiten werden positiv erwähnt.

Musik- und Discoveranstaltungen
Einen besonderen Stellenwert im Programm der Jugendzentren haben Musik- und Discoveranstaltungen. Es sind etwa zehn Prozent der Jugendlichen, die dieses Angebot besonders schätzen.

Organisation und Aufmachung
Weiteren acht Prozent der Jugendlichen gefällt die Aufmachung und Organisationsform der Treffs. Auch die pädagogischen Mitarbeiter und Mitarbeiterinnen werden dabei positiv erwähnt:
"Die arbeiten ganz gut mit Jugendlichen"
"Die Leute dort gehen auf die Jugendlichen ein. Vorschläge werden angenommen"
"Man bekommt Hilfe, Freizeitmöglichkeit ohne viel Geld"
"Umgebung, Atmosphäre (... aber nicht überall)"
"lockere Atmosphäre"
"gute Ausstattung"

Im Rahmen dieser Frage wurde auch allgemeines Lob gespendet und die Wichtigkeit von Jugendzentren generell artikuliert. Acht Prozent der Jugendlichen haben sich in dieser Richtung geäußert:
"Alles so wie es sein soll"
"Daß es das gibt"
"Daß es Jugendzentren überhaupt gibt"
"Die Idee"
"Es ist gut, daß die Stadt die Jugendeinrichtungen macht"

Kritik an den Jugendzentren

Neben Lob und Zustimmung gibt es auch einiges, was den Jugendlichen nicht gefällt. Allerdings ist die Anzahl der Beanstandungen wesentlich geringer als die Zahl der positiven Nennungen. 40 Prozent der Jugendlichen haben sich kritisch über die Jugendzentren geäußert.

Der häufigste Ablehnungsgrund bezieht sich auf "die Leute", die Jugendzentren besuchen (13 Prozent). So kommt es gelegentlich vor, daß die Jugendlichen bzw. Cliquen, die in Jugendzentren anzutreffen sind, von den Befragten abgelehnt werden:

"Die Leute, die dort sind"
"Komische Leute: Rocker, Punker"
"Leute dort sind unsympathisch"
"zu viele 'kaputte Leute'"
"getrennte Gesellschaft, nur Rock, keine anderen Leute"
"unsympathische Leute"
"zu viele Ausländer"

Genannt werden auch Konflikte zwischen den Altersgruppen und ein mangelndes Angebot für ältere aber auch oft für jüngere Jugendliche:

"Daß auch Ältere hingehen"
"Freizeitangebote nur bis 14 Jahre"
"Großer Altersunterschied"
"Größere lungern da so rum"
"Weils für kleinere Kinder ist"

Im Zusammenhang mit dem Publikum wird auch gelegentlich auf Aggressionen hingewiesen. Zehn Prozent der Befragten geben Antworten, die in diese Richtung gehen:

"Angst vor Schlägertypen"
"Beleidigungen, Schlägereien, Provokationen"
"Das es manchmal Schlägereien gibt"
"Daß man schräg angemacht wird"
"Die Jugendlichen die dort rumhängen suchen meistens Streit"
"Haß zwischen den Gruppen"
"Es gibt immer Leute die Randale machen"
"Öfters Streitereien, Belästigungen"
"Jungs schlagen und ärgern Mädchen"

Während sich die meisten Beanstandungen auf die jugendlichen Besucher und ihr Verhalten bezogen, gibt es zur Organisation (neun Prozent) und zum Programm (sechs Prozent) der Jugendzentren nur wenige negative Anmerkungen. Die jugendlichen Vorlieben sind wie die der Erwachsenen sehr unterschiedlich und so ist es wenig verwunderlich, wenn vereinzelt der "Stil nicht gefällt", die "Musik nicht gut ist" oder das Programm insgesamt abgelehnt wird. "Zu wenig Programm" und "Langeweile" werden vereinzelt ins Feld geführt.

Die Antworten bringen zum Ausdruck, daß sich die Organisation der Jugendzentren in einigen Punkten verbessern sollte. Oftmals wird beklagt, daß es "zu wenig Informationen" gibt. Manche Jugendliche "kennen dort niemand" und "möchten nicht alleine hin". Die Öffnungszeiten sind gelegentlich unpassend und auch an den Mitarbeitern und Mitarbeiterinnen gibt es hin und wieder Kritik. Vereinzelt werden auch die "Räume", das "Chaos" und die "schlechte Atmosphäre" beanstandet.

Wir möchten abschließend aber darauf hinweisen, daß die Kritik der Pforzheimer Jugendlichen viel zurückhaltender ist als ihr Lob. Kein Kritikpunkt wird von mehr als 15 Prozent der Jugendlichen genannt. Die meisten Einwände werden von weit weniger als zehn Prozent der Jugendlichen erwähnt. Dennoch können auch selten genannte Kritikpunkte eine zukünftige Verbesserung des Angebotes bewirken. Deshalb haben wir auch die kritischen Nennungen etwas breiter dargestellt, als dies gemessen an ihren Häufigkeiten vielleicht gerechtfertigt wäre.

Zusammenfassung

Die Pforzheimer Jugendlichen haben uns auf unsere Frage, was ihnen gefällt und was sie stört eine differenzierte Palette des Lobes aber auch der Kritik geliefert. Der Vorzug einer offenen Frage ist es ja gerade, daß die Befragten ohne beeinflussende Antwortvorgabe zu Wort kommen. Allerdings sind die Antworten damit auch weniger verallgemeinerungsfähig, es handelt sich um primär subjektive Wertungen, die wir gerade auch in ihrer Widersprüchlichkeit versucht haben darzustellen. Ob Gewalttätigkeit und soziale Probleme in den Jugendtreffs häufiger als an anderen Orten auftreten, läßt sich aus den Äußerungen der von uns Befragten nicht ableiten. Während die einen "Verbote" und Disziplinierungen" kritisieren, werden sie von anderen geradezu gefordert (z.B. "Rauchverbot"). Jüngere Jugendliche beanspruchen genauso wie ältere Jugendliche ein für sie zugeschnittenes Angebot. Die schwierige Aufgabe der Jugendhilfeplanung und der politisch Verantwortlichen ist es deshalb, gemeinsam mit den Einrichtungen und ihren Besuchern ein Angebot zu entwickeln, daß den differenzierten Ansprüchen gerecht wird. Eine Querschnittsbefragung kann hier allenfalls erste Anregungen geben.

Festzuhalten ist aber, daß die Pforzheimer Jugendlichen in ihren Jugendzentren ein gutes und wichtiges Angebot sehen. Das Lob überwiegt ganz deutlich die Kritik und eine Mehrheit der 12 bis 18jährigen besucht zumindest gelegentlich ein Jugendzentrum. Dabei gibt es durchaus sozial bedingte Präferenzunterschiede. Jugendliche aus Arbeiterfamilien, Ausländer und Jungen sind etwas häufiger in den Jugendtreffs zu finden. Aber auch die Besucherstruktur einzelner Zentren weist soziale Unterschiede auf: hinsichtlich des Geschlechtes, der Altersgruppe und des besuchten Schultyps.

Unsere Befragung findet zu einem Zeitpunkt statt, zu dem in Pforzheim die Schließung von Jugendzentren auf der politischen Tagesordnung steht. Wir möchten deshalb auch erwähnen, daß etliche Jugendliche gerade auch die offene Frage genutzt haben um sich hierüber zu äußern. Sie haben dann nicht unsere Frage beantwortet "was sie an den Jugendzentren stört", sondern daß es sie stört:
"Daß manche geschlossen werden sollen"
"Daß gespart wird"
"Es gefällt nicht, daß der Schlauch geschlossen werden soll".

3. Hilfe und Beratung für Jugendliche

3.1 Wo holen sich Jugendliche Rat und Hilfe?

Um zu erfahren, woher sich Jugendliche Rat und Hilfe holen können, wurde die folgende offene Frage gestellt:

> Frage 59: Und wie ist das, wenn man 'mal ein Problem hat und Hilfe und Beratung braucht. Wohin kann man sich da wenden?

Welche Antworten gegeben wurden, kann aus Abb. 42 entnommen werden. Wenn es um Rat und Hilfe geht, stehen die Eltern an erster Stelle. Sie werden von 42 Prozent der Befragten genannt. Mit etwa zehn Prozent Abstand folgen dann die

Freunde und Freundinnen als zweitwichtigste Ratgeber. An dritter Stelle werden schließlich von 22 Prozent der Jugendlichen die Beratungsstellen angeführt.

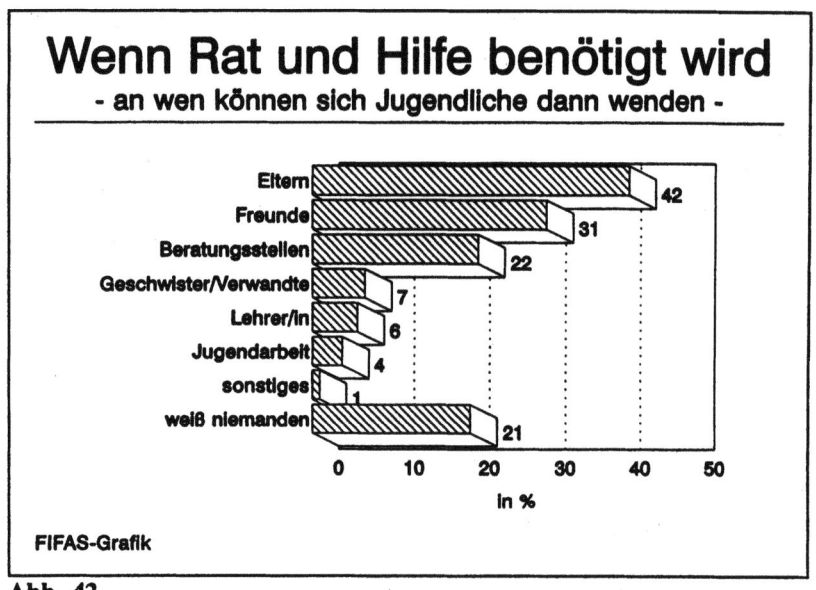

Abb. 42

Wenn Jugendliche an Probleme und Hilfe bei deren Lösung denken, so fallen ihnen also zunächst Eltern, Freunde und Beratungsstellen ein. Die übrigen Nennungen wurden von weniger als zehn Prozent der Befragten angegeben.

Bemerkenswert ist sicher, daß 21 Prozent der Jugendlichen **niemanden** kennen, der hinsichtlich Hilfe und Beratung ansprechbar ist. Sie wissen weder, daß es Beratungsstellen gibt, noch können sie Eltern oder Freunde um Hilfe oder Rat bitten. Darunter sind neun Prozent, die sogar ausdrücklich sagen, daß es in Pforzheim keine Beratungs- und Hilfeangebote gibt. Eine Überprüfung hinsichtlich der soziodemographischen Merkmale erbrachte keine weitere Differenzierung. Unabhängig von der Altersgruppe, dem Geschlecht und der Schullaufbahn finden wir jeweils etwa ein Fünftel der Jugendlichen, das nicht in der Lage ist, eine Hilferessource zu benennen. Allenfalls bei den ausländischen Jugendlichen ist diese Gruppe mit 27 Prozent geringfügig größer.

Deutliche Unterschiede ergeben sich, wenn untersucht wird, welche Bedeutung die verschiedenen Hilferessourcen in den einzelnen Sozialgruppen haben (vgl. Abb. 43 und Abb. 44). Bei den jüngeren Jugendlichen stehen die Eltern noch sehr stark im Vordergrund. 56 Prozent der 12- bis 13jährigen geben sie als Anlaufstelle in Problemsituationen an. Mit zunehmendem Alter verlieren die Eltern schließlich diese herausragende Stellung. Bei den 16- bis 18jährigen liegen sie mit 33 Prozent etwa auf gleicher Höhe wie die Freunde und Freundinnen. Zugleich werden Beratungsstellen immer häufig genannt. Sie erreichen in der obersten Altersklasse den dreifachen Anteil gegenüber der Gruppe der 12- bis 13jährigen (zehn Prozent vs. 29 Prozent).

Sicherlich wäre es eine überzogene Interpretation von der quantitativen Abnahme der Nennungen unmittelbar auf die Bedeutung elterlicher Unterstützung zu schließen. Eltern, Freunde und Beratungsinstitutionen konstituieren ein Hilfenetzwerk, dessen Bestandteile nicht unbedingt gegeneinander austauschbar sein müssen. Je nach Problemlage werden unterschiedliche Adressen geeignet sein. Es wird aber deutlich, wie sich der familiäre Binnenraum im Zuge der Jugendphase zur Gesellschaft hin öffnet. Die Eltern verlieren nicht völlig ihre Bedeutung, aber Freunde und gesellschaftliche Einrichtungen werden zunehmend wichtiger. Jugendliche müssen im Altersverlauf zunehmend eigenverantwortlich Entscheidungen treffen und werden mit neuen Anforderungen konfrontiert. Für die Bearbeitung von Problemen in Bereichen wie Ausbildung, Sexualität oder Partnerschaft werden dann auch Beratungsstellen immer wichtiger.

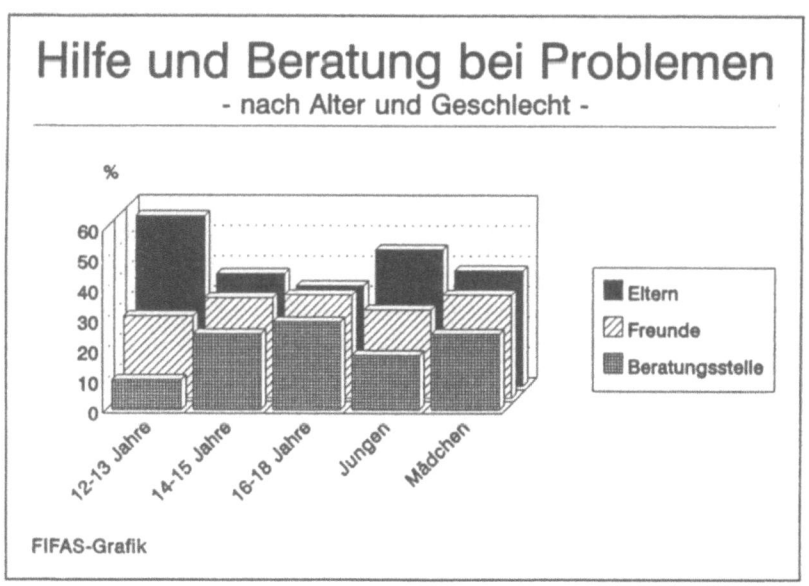

Abb. 43

Das Wissen um Beratungs- und Hilfsangebote variiert nur geringfügig mit dem Geschlecht. Mädchen nennen etwas häufiger Beratungsstellen (25 Prozent gegenüber 18 Prozent) und Freunde bzw. Freundinnen (34 Prozent gegenüber 29 Prozent) als Jungen.

Wesentlich deutlicher sind aber die Unterschiede bezüglich des Schultyps und der Nationalität (vgl. Abb. 44). Während die Eltern bei Jugendlichen aus allen Schularten in etwas über 40 Prozent der Fälle genannt wurden und auch die Freundinnen und Freunde durchgängig etwa ein Drittel der Angaben ausmachen, gibt es einen deutlichen Unterschied bei den Beratungsstellen: 30 Prozent der Gymnasiasten nennen eine Beratungsstelle, von den Hauptschülern dagegen nur 17 Prozent. Auch die Realschüler liegen deutlich hinter den Gymnasiasten zurück (20 Prozent). Beratungsstellen sind bei Jugendlichen mit höherem Bildungsniveau stärker im Bewußtsein vorhanden. Warum dies so ist, läßt sich im Rahmen unserer Befragung nicht eindeutig klären. Es könnte sein, daß die Öffentlichkeitsarbeit der Beratungseinrichtungen bevorzugt auf Medien zurückgreift, die von Real- und Hauptschülern weniger konsumiert werden. Zu vermuten ist auch, daß die Fähigkeit zum "Informationsmanagement" mit steigendem Sozialstatus zunimmt. Auch wäre zu prüfen, ob im Unterricht der verschiedenen Schularten Beratungsstellen unterschiedlich stark einbezogen werden. Denkbar ist auch, daß die Gymnasiastinnen und Gymnasiasten in einem sozialen Umfeld leben, in dem die Inanspruchname professioneller psychosozialer Hilfsangebote gebräuchlicher ist.

Auch zwischen deutschen und ausländischen Jugendlichen ist ein deutlicher Unterschied vorhanden. Ausländische Jugendliche haben Beratungsstellen am seltensten genannt. Während noch 24 Prozent der deutschen Jugendlichen eine Beratungsstelle nennen, sind es bei den ausländischen lediglich noch zwölf Prozent. Die Gründe für diese Diskrepanz werden sich zum Teil mit den oben angesprochenen Vermutungen decken. Auch ist zu berücksichtigen, daß unter den Hauptschülern der Ausländeranteil am höchsten ist. Zusätzlich sind aber auch kulturelle oder sprachliche Gründe denkbar, die den Zugang zu Beratungsstellen einschränken.

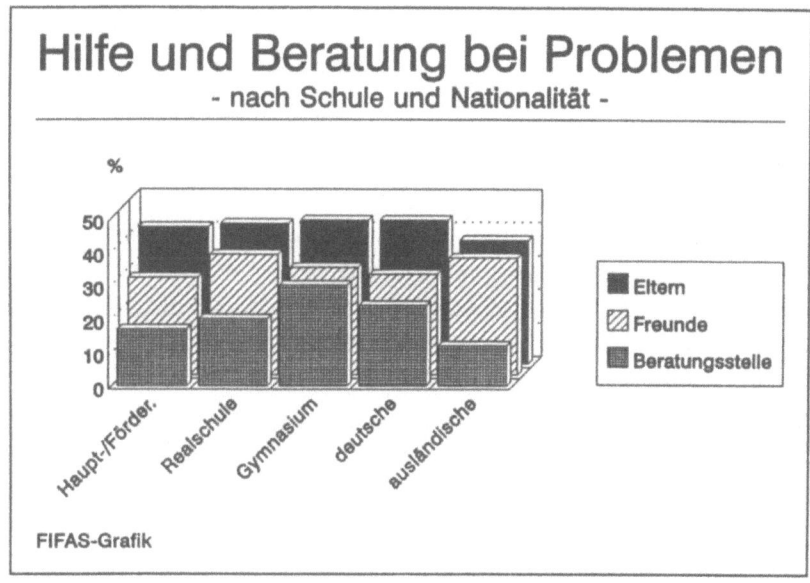

Abb. 44

3.2 Die Bekanntheit und Nutzung von Beratungsstellen

Im Anschluß an die offene Frage über die Hilfsmöglichkeiten im allgemeinen haben wir uns über die Kenntnis und Nutzung Pforzheimer Beratungsstellen erkundigt. Zu diesem Zweck haben wir eine Liste mit 10 Beratungseinrichtungen vorgelegt und jeweils gefragt, welche Einrichtung bekannt ist und gegebenenfalls schon einmal genutzt wurde.

Durchschnittlich waren drei Beratungsstellen bekannt. Etwa ein Viertel der Jugendlichen kennt sogar fünf und mehr Beratungseinrichtungen. 15 Prozent der Jugendlichen kannten hingegen überhaupt keine der von uns erfragten Beratungsstellen. Diese Gruppe der Uninformierten erscheint uns besonders wichtig zu sein. Bei Jugendlichen, die mindestens eine Beratungsstelle kennen, ist ein Mindestzugang zum professionellen Beratungssystem gegeben. Auch wenn die ihnen bekannte Beratungsstelle im Falle einer spezifischen Problemlage nicht zuständig sein mag, so wird sie zumindest eine Weitervermittlung vornehmen können. Wir haben deshalb differenzierter untersucht, wie sich die Gruppe derjenigen zusammensetzt, die überhaupt keine Beratungsstelle kennen (vgl. Abb. 45).

Die Ergebnisse bekräftigen die bereits bei der offenen Frage gewonnenen Erkenntnisse. In der jüngsten Altersgruppe von 12-13 Jahren ist der Anteil uninformierter Jugendlicher besonders hoch (29 Prozent). Allerdings ist dieses Defizit nicht unbedingt bedenklich, da die Eltern in dieser Altersgruppe noch eine stark ausgeprägte Ratgeberfunktion haben.

Geringfügig schlechter informiert als der Durchschnitt sind die männlichen Jugendlichen (19 Prozent) und auch bei den ausländischen Jugendlichen ist der Kenntnisstand unterdurchschnittlich (21 Prozent).

Am deutlichsten sind die Unterschiede zwischen den Besuchern bzw. Absolventen der verschiedenen Schularten. Von den Haupt- und Förderschülern kennen nahezu ein Viertel der Jugendlichen keine Beratungsstelle. Für diese Gruppe erscheint uns eine verstärkte Öffentlichkeitsarbeit dringend notwendig zu sein.

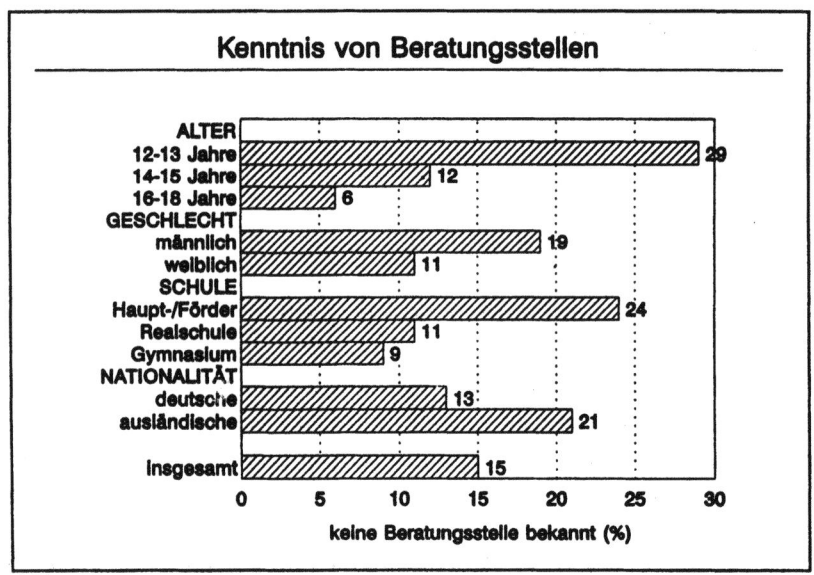

Abb. 45

Bekanntheit einzelner Beratungsstellen

Wie bekannt die Pforzheimer Beratungsstellen sind und welche Rolle dabei die verschiedenen sozialen Merkmalen spielen, zeigen die Abb. 46 bis Abb. 49.

Die Spitzenreiter auf der Bekanntheitsskala der Beratungunsangebote sind die AIDS-Hilfe (55 Prozent), die Jugend und Drogenberatungsstelle (50 Prozent), Pro

Familia (49 Prozent) und schließlich das Amt für Jugend und Familie (47 Prozent).

Es ist durchaus vorstellbar, daß gerade aufgrund der Fernsehwerbung viele Jugendliche wissen, daß es Beratungsstellen zur AIDS-Problematik gibt. Ob die hohe Bekanntheit einzelner Beratungsstellen aber auf einer intensiven örtlichen Öffentlichkeitsarbeit, einer engen Zusammenarbeit mit den Schulen oder einer allgemein hohen Bekanntheit der Einrichtung zusammenhängt, kann nicht geklärt werden. Leider konnte im engen Rahmen unseres Fragebogens nicht spezifischer darauf eingegangen werden, woher die Jugendlichen ihre Informationsgrundlage bezüglich der einzelnen Beratungsstellen beziehen und welche Inhalte sie mit ihnen verbinden. Auch die Ergebnisse für das Amt für Jugend und Familie sollten mit einem gewissen Vorbehalt betrachtet werden, da es sich hier um den Auftraggeber der Studie handelt, der aufgrund des Anschreibens stärker im Bewußtsein der Befragten vorhanden sein wird.

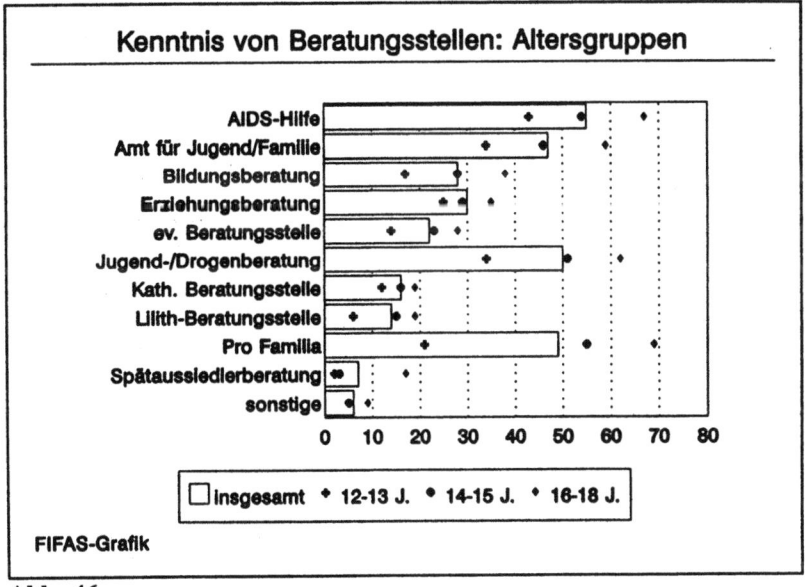

Abb. 46

128 FIFAS-Studie: Jugendliche in Pforzheim 1994

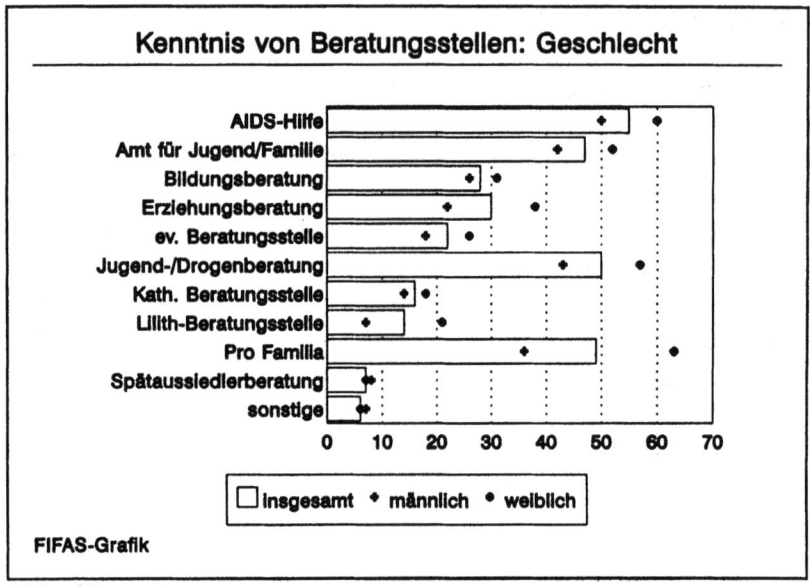

Abb. 47

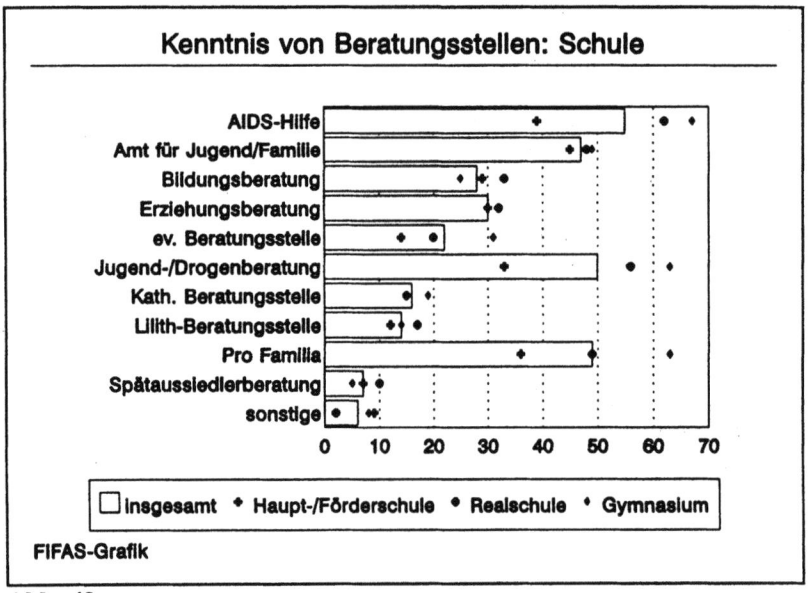

Abb. 48

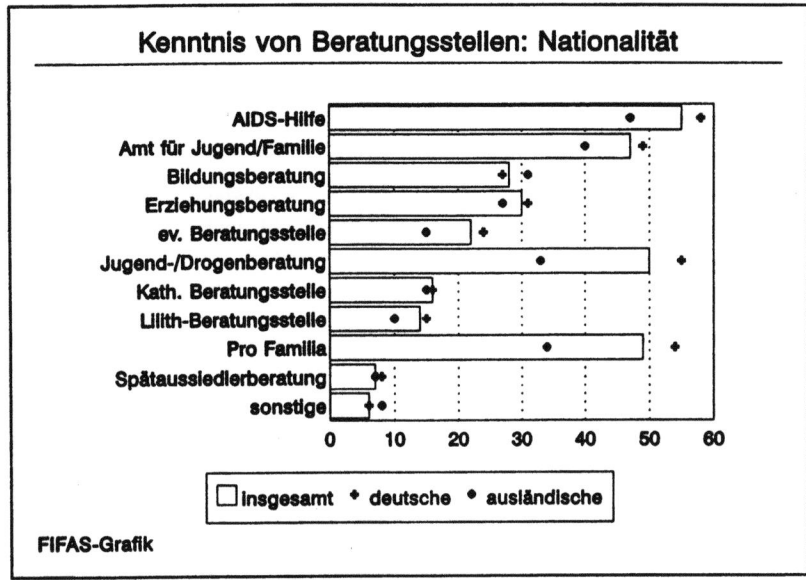

Abb. 49

Unter Berücksichtigung dieser Einschränkungen lassen sich jedoch interessante Vergleiche hinsichtlich der Bekanntheit der Beratungsstellen bei verschiedenen Sozialgruppen anstellen. Daß ältere Jugendliche besser informiert sind, zeigt sich durchgängig bei der Nennung einzelner Beratungsstellen (Abb. 46). Es gibt jedoch einige Einrichtungen, bei denen die Bekanntheitsunterschiede nochmals deutlich ausgeprägter sind: Pro Familia, die Jugend- und Drogenberatung, die AIDS-Hilfe und die Bildungsberatung. Dies scheinen Einrichtungen zu sein, die in einem besonders ausgeprägten Maße Problemlagen bearbeiten, die jugendtypisch sind:

* Mit dem Beginn der Geschlechtsreife und den sich nun vertiefenden Sexualkontakten müssen die Jugendlichen zunehmend verantwortliche Entscheidungen hinsichtlich ihrer Sexualität treffen. Dies reicht von Fragen der Empfängnisverhütung bis hin zu den moralischen und auch psychisch-emotionalen Aspekten geschlechtlicher Beziehungen. Pro Familia ist den Jugendlichen als Institution bekannt, die sich mit den hierbei ergebenden Konfliktlagen besonders beschäftigt.

* Die Wahl des Bildungsweges und die sich daran anschließende Berufswahl sind wichtige Entscheidungen, bei denen Jugendliche durch professionelle Beratungsangebote unterstützt werden sollen. Daß die Bildungsberatungsstelle, an der Schwelle von der Schule in den Beruf oder in weiterführende Schulausbildun-

gen, also besonders bei den über 16jährigen Jugendlichen bekannt ist, war zu erwarten.
* Ab dem 16. Lebensjahr lockert sich schließlich auch der Jugendschutz und der Zugang zu den gesellschaftlich akzeptierten Drogen Alkohol und Nikotin wird schrittweise geöffnet. Ebenfalls nimmt die Gefährdung durch illegale Drogen zu. Da das Drogenproblem in erster Linie auch ein Jugendproblem ist, gewinnt die Drogenberatung an Bedeutung und damit wohl auch wie festgestellt an Bekanntheit.

Bei der Kenntnis der Beratungsstellen sind weiterhin deutliche geschlechtsspezifische Unterschiede festzustellen:
* Pro Familia ist bei Mädchen erheblich bekannter (63 Prozent) als bei Jungen (36 Prozent).[22] Sie ist bei den Mädchen sogar die bekannteste aller von uns erfragten Einrichtungen. Mädchen wissen wohl um die Notsituation, in die sie eine ungewollte Schwangerschaft bringen kann. Jungen scheinen hingegen dem Problembereich der Familienplanung und Schwangerschaftskonfliktberatung weniger Aufmerksamkeit zu schenken.
* Generell sind Mädchen etwas besser über die Pforzheimer Beratungsangebote informiert als Jungen. Noch deutlicher ist dieser Unterschied bei der "Beratungsstelle für Kinder, Jugend und Eltern (Erziehungsberatung)". Auch die "Lilith Beratungsstelle für Mädchen und Jungen bei sexuellem Mißbrauch" ist bei über einem Fünftel der Mädchen bekannt, während nur sieben Prozent der Jungen diese Beratungsstelle kennen.

Neben Alter und Geschlecht übt auch die besuchte Schulart bzw. der erreichte Schulabschluß einen Einfluß darauf aus, welche Beratungsstellen bekannt sind. Einerseits gibt es Beratungsstellen, die bei Schülern aller Schularten in etwa gleich bekannt sind. Dies sind: das Amt für Jugend und Familie, die Bildungs- ebenso wie die Erziehungsberatungsstelle, die katholische Beratungsstelle, die Lilith Beratungsstelle bei sexuellem Mißbrauch und die Spätaussiedlerberatung. Deutliche Unterschiede gibt es hingegen bei der AIDS-Hilfe, der Jugend- und Drogenberatung sowie der evangelischen Beratungsstelle und Pro Familia. Diese Einrichtungen erreichen in ihrem Bekanntheitsgrad etwa doppelt soviele Gymnasiasten wie

---

[22] Diese Differenz spricht übrigens sehr dafür, daß unsere Fragestellung tatsächlich Aufschluß über die Bedeutung einzelner Beratungsstellen für die Jugendlichen gibt. Wären die Unterschiede hingegen in der Öffentlichkeitsarbeit bzw. Zusammenarbeit mit der Schule begründet, so wäre ein solcher geschlechtspezifischer Unterschied nicht zu erwarten.

Hauptschüler. Die gleiche Struktur findet sich bei einer Unterscheidung hinsichtlich der Nationalität der Befragten, was angesichts der Korrelation von Hauptschulbesuch und Staatsangehörigkeit zu erwarten ist. Lediglich 16 Prozent der ausländischen Jugendlichen besuchen ein Gymnasium. Der Zusammenhang zwischen der Kenntnis von Beratungseinrichtungen und der Schullaufbahn ist wahrscheinlich nicht nur auf einen unterschiedlichen, in der Bildung begründeten Informationszugang zurückzuführen. Beratungseinrichtungen üben oftmals als Institutionen auch eine Form der "sozialen Kontrolle" aus, von der gerade die unteren sozialen Schichten stärker betroffen sind. Es sind eher Personen aus der oberen Mittelschicht, denen ein selbstbewußterer Umgang mit Beratungsangeboten und therapeutischen Hilfen ohne Stigmatisierungsgefahr möglich ist.

Zusätzlich zur Bekanntheit haben wir auch danach gefragt, ob eine der Beratungsstellen schon einmal genutzt wurde. Allerdings ist die Anzahl der Nennungen zu gering, um eine differenzierte Analyse der Nutzerstruktur vorzunehmen. Lediglich die Drogenberatungsstelle (fünf Prozent) und die Bildungsberatungsstelle (sechs Prozent) erzielen eine nennenswerte Anzahl von Besuchern unter den von uns befragten Jugendlichen. Ohnehin ist zu bedenken, daß eine "Nutzung" nicht unbedingt im Zusammenhang mit einer konkreten Problemlage, sondern auch präventiv oder im Rahmen einer Informationsveranstaltung stattgefunden haben kann. Bei der Jugend- und Drogenberatungsstelle waren dann auch schon einmal acht Prozent der 16- bis 18jährigen. Die Bildungsberatungsstelle wurde sogar von elf Prozent der 16- bis 18jährigen besucht.

4. Urlaubsreisen und Ferienpaß

Für die Jugendhilfeplanung ist das Urlaubsverhalten der Jugendlichen in zweifacher Hinsicht von Interesse. Zum einen ist das Reisen eine spezifische Form der Freizeitgestaltung während der Ferien. Ebenso wie bei den eher alltäglichen Freizeitbeschäftigungen ist es deshalb zunächst interessant zu erfahren, wie die Jugendlichen ihren Urlaub verbringen. Zum zweiten ist die Durchführung von Ferien- und Reiseangeboten aber auch eine traditionelle Aufgabe der Jugendarbeit, die öffentlich gefördert wird. Kinder- und Jugenderholung gehören nach § 11 Abs. 5 des Kinder- und Jugendhilfegesetzes zu den Schwerpunkten der Jugendarbeit. Für Kinder und Jugendliche, die im Urlaub zuhause bleiben, wird in Pforzheim wie in vielen anderen Städten ein örtliches Ferienprogramm angeboten.

4.1 Urlaubsverhalten und Urlaubswünsche

In unserer Untersuchung haben wir uns hauptsächlich für das allgemeine Reiseverhalten und die Urlaubswünsche Jugendlicher interessiert. Wie hoch ist nun der Anteil der Jugendlichen, der in den letzten Sommerferien verreist war? Um das zu ermitteln, wurde die folgende Frage gestellt:

> Frage 44: Wie hast Du Deine letzten Sommerferien verbracht? Bist Du in Pforzheim geblieben oder bist Du verreist?

71 Prozent der Jugendlichen waren verreist - 29 Prozent sind in Pforzheim geblieben. Aus der Abb. 50 wird deutlich, welchen Einfluß der soziale Status auf das Urlaubsverhalten ausübt. Jugendliche, die eine Hauptschule besuchen oder aus einer Arbeiterfamilie stammen, müssen am häufigsten zuhause bleiben. Schülerinnen und Schüler die auf ein Gymnasium gehen oder Eltern in gehobenen Berufsposition haben, verreisen in den Sommerferien dagegen mit ziemlicher Sicherheit. Alter, Geschlecht und Nationalität der Jugendlichen haben keinen signifikanten Einfluß auf das Urlaubsverhalten.

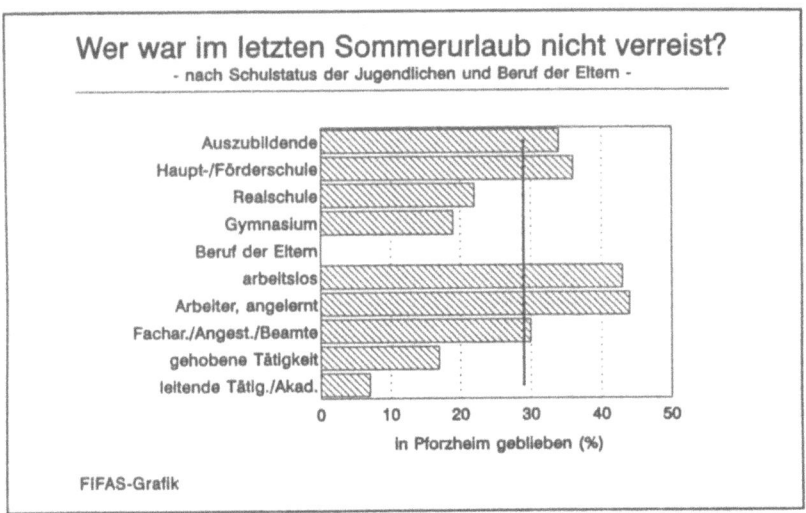

Abb. 50

Letztlich sind es vorwiegend die wirtschaftlichen Bedingungen, die eine Urlaubsreise ermöglichen oder dieser entgegenstehen. Etwa 36 Prozent[23] der daheimgebliebenen Jugendlichen sagen: "reisen ist zu teuer". 13 Prozent "verreisen nicht gerne" und acht Prozent geben an, zuhause sei die "Umgebung interessant genug". 43 Prozent geben "sonstige Gründe" an, aus denen sich aber trotz Nachfrage keine nennenswerten Schwerpunkte herauskristallisieren lassen. Bei vielen der zusätzlich genannten Gründe spielt letztlich auch das fehlende Geld eine Rolle.

Ein Vergleich unserer Ergebnisse mit den Resultaten von 1979 zeigt, daß die sozialen Benachteiligungen hinsichtlich der Reisemöglichkeiten keinesfalls abgebaut wurden. Betrachtet man den Beruf der Eltern, so hat sich die Schere zwischen den Berufspositionen sogar noch weiter geöffnet. Der Anteil der Arbeiterjugendlichen, die sich keine Urlaubsreise leisten, hat um elf Prozent zugenommen. Bei den Söhnen und Töchtern von Eltern in leitenden und akademischen Berufen sind es etwa vier Prozent weniger geworden, die zuhause bleiben.

Auch über die Urlaubspartner können wir eine Aussage machen. Jugendliche, die eine Reise unternommen haben, wurden gefragt, mit wem sie weg waren:

Tabelle 21: Mit wem verreisen Jugendliche?

	Frage 46: Mit wem warst Du weg? Mit den Eltern, allein, mit Freunden oder Freundinnen, mit einem Verein, einer Jugendgruppe? (in Prozent)	
	Pforzheim 1994	Pforzheim 1979
allein	7	10
mit den Eltern, mit Vater/Mutter	76	62
mit Freunden/Freundinnen	14	17
mit einem Verein/mit einer Jugendgruppe	12	11
beim Vergleich der Zahlen ist zu berücksichtigen, daß 1994 im Gegensatz zu 1979 Mehrfachnennungen zugelassen waren		

Drei Viertel der Jugendlichen haben gemeinsam mit den Eltern eine Urlaubsreise gemacht. Nur sieben Prozent waren alleine verreist. Mit Freunden und Freundinnen waren 14 Prozent unterwegs, während zwölf Prozent der Jugendlichen mit einer

---

[23] Bezogen auf die Gesamtstichprobe sind dies zehn Prozent der Jugendlichen.

Gruppe in den Urlaub fuhren. Folgende Unterschiede im Urlaubsverhalten sind vorhanden:
* Jugendliche unter 14 Jahren verreisen nicht alleine. Erst bei den 14-15jährigen sind es sieben Prozent und bei den 16-18jährigen schließlich 11 Prozent, die alleine eine Urlaubsreise unternehmen. Männliche und deutsche Jugendliche verreisen im Gegensatz zu den Mädchen und den ausländischen Jugendlichen etwas häufiger alleine.
* Die Urlaubsreise wird mehrheitlich in allen Altersgruppen gemeinsam mit den Eltern verbracht. In der jüngsten Altersgruppe ist dies bei 88 Prozent und bei den 16- bis 18jährigen immerhin noch bei 63 Prozent der Fall. Ausländische Jugendliche verreisen überdurchschnittlich oft gemeinsam mit den Eltern (89 Prozent).
* Freunde und Freundinnen gewinnen mit zunehmendem Alter als Urlaubspartner an Bedeutung. Während bei den bis zu 15jährigen durchgängig weniger als zehn Prozent mit Gleichaltrigen verreisen, verbringt etwa ein Viertel der 16- bis 18jährigen zusammen mit anderen Jugendlichen den Urlaub. Auch die Mädchen verreisen etwas häufiger mit Freundinnen und Freunden.
* Von Jugendgruppen und Vereinen organisierte Urlaubsfahrten haben für über 16jährige Jugendliche (16 Prozent), Gymnasiasten (18 Prozent) und Mädchen (14 Prozent) eine etwas überdurchschnittliche Bedeutung. Die ausländischen Jugendlichen sind etwas seltener mit organisierten Gruppen unterwegs.

Hinsichtlich der Urlaubspartner ist es wichtig, ob die Reise gemeinsam mit den Eltern unternommen wurde oder als "Jugendreise": alleine, mit Freunden bzw. Freundinnen oder mit einer Jugendgruppe. Wir haben deshalb untersucht, welche Jugendlichen eine solche "Jugendreise" unternehmen. Im Durchschnitt sind das 21 Prozent der Jugendlichen. Die nach Sozialgruppen differenzierten Ergebnisse können aus Abb. 51 entnommen werden:
* Mit dem Alter nimmt der Anteil der Jugendlichen, die ohne Eltern verreisen, deutlich zu. In der obersten der von uns untersuchten Altersgruppe trifft dies für etwa ein Drittel der Jugendlichen zu.
* Ausländische Jugendliche verreisen eher mit den Eltern. Weniger als zehn Prozent verreisen allein oder ausschließlich mit Gleichaltrigen. Von den deutschen Jugendlichen verreisen dagegen 25 Prozent ohne Eltern.
* Gymnasiasten verreisen öfters ohne Eltern als Hauptschüler (26 Prozent vs. 17 Prozent). Interessante Zusammenhänge zeigen sich, wenn zusätzlich das Geschlecht berücksichtigt wird. Gymnasiastinnen verreisen wesentlich häufiger

ohne Eltern als die Hauptschülerinnen. (30 Prozent vs. neun Prozent). Bei den männlichen Jugendlichen ist es hingegen unerheblich, ob sie ein Gymnasium oder eine Hauptschule besuchen bzw. besucht haben. Unabhängig von der Schulbildung verreisen rund 20 Prozent der Jungen ohne die Eltern.

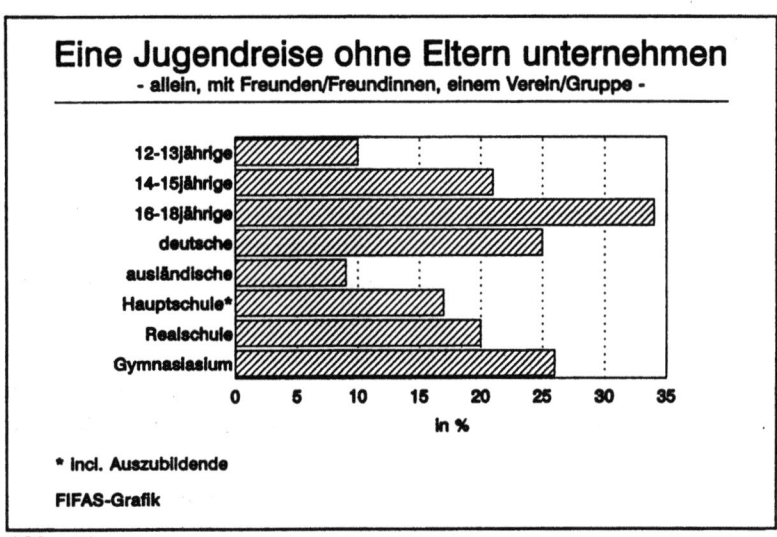

Abb. 51

Im Interview wurde auch nach den Urlaubswünschen gefragt:
* Am beliebtesten ist der Strandurlaub. Dies sagt etwa die Hälfte der Jugendlichen. Ein weiteres Drittel ist für einen Erlebnisurlaub zu begeistern. Eine Kulturreise oder andere Urlaubsarten werden nur von wenigen Jugendliche bevorzugt.
* Am häufigsten wünschen sich Jugendliche mit Freunden und Freundinnen oder der Clique zu verreisen (73 Prozent). Aber auch die Eltern oder ein Elternteil werden recht häufig genannt (32 Prozent). 62 Prozent geben ausschließlich Jugendliche als Wunschpartner für die Urlaubsreise an, während 21 Prozent ausschließlich die Eltern nennen. Elf Prozent der Jugendlichen würden gerne mit Eltern und Jugendlichen gemeinsam verreisen.
* Der Anteil Jugendlicher, die als gewünschte Urlaubsbegleitung ausschließlich Gleichaltrige erwähnen, nimmt mit dem Alter zu. Bei den 12- bis 13jährigen sind es 41 Prozent, während der Anteil bei den 14- bis 15jährigen 65 Prozent und bei den 16- bis 18jährigen schließlich 77 Prozent beträgt. Bemerkenswert

ist der Einfluß des Geschlechtes auf diesen Zusammenhang. Jüngere Mädchen wünschen sich öfters ausschließlich gleichaltrige Urlaubsgefährten: bei den 12-13jährigen 49 Prozent anstelle von 36 Prozent bei den Jungen. In der höchsten Altergruppe von 16-18 Jahren sind es dann aber die Jungen, die mit einem Anteil von 85 Prozent häufiger als die Mädchen (69 Prozent) ausschließlich Gleichaltrige nennen.

4.2 Der Pforzheimer Ferienpaß für Kinder und Jugendliche

Für Kinder- und Jugendliche, die während der Ferien in Pforzheim sind, wird ein örtliches Ferienprogramm angeboten. Zur Teilnahme berechtigt ein Ferienpaß.

Drei Viertel der von uns befragten Jugendlichen kennen den Ferienpaß (75 Prozent) und etwa die Hälfte hat ihn schon einmal genutzt (47 Prozent). Er ist bei Mädchen und Jungen gleichermaßen bekannt und auch bei der Inanspruchnahme sind keine geschlechtsspezifischen Unterschiede festzustellen. Einen starken Einfluß auf die Bekanntheit und Nutzung haben hingegen der Schulstatus und die Nationalität der Jugendlichen (vgl. Abb. 52).

Am besten informiert sind die Schüler und Schülerinnen, die ein Gymnasium besuchen (88 Prozent). Am niedrigsten ist der Kenntnisstand bei den Hauptschülern (57 Prozent). Deutsche Jugendliche sind besser informiert als Jugendliche mit ausländischer Staatsangehörigkeit (79 Prozent vs. 60 Prozent).

Der Schulstatus und die Nationalität wirken sich entsprechend auf die Nutzung aus. Am wenigsten wird der Ferienpaß von Hauptschülern (28 Prozent) und ausländischen Jugendlichen (26 Prozent) in Anspruch genommen. Dies ist ein bemerkenswerter Zusammenhang, vor allem, wenn man sich das oben beschriebene Urlaubsverhalten vor Augen hält. Gerade die unteren sozialen Schichten, die sich seltener eine Urlaubsreise leisten können, besitzen auch geringere Kenntnisse über das örtliche Ferienprogramm und machen davon geringeren Gebrauch. Dieser Zusammenhang, den wir auch in anderen Bereichen dieser Untersuchung - wie etwa der Bekanntheit von Beratungsstellen - feststellen mußten, ist als "Matthäus-Effekt"[24] der Sozialpolitik bekannt.

---

[24] Damit wird auf eine Stelle des Matthäusevangeliums verwiesen: "Denn demjenigen, der hat, wird gegeben und er wird Fülle haben; aber demjenigen der nicht hat, wird noch entzogen werden, was er besitzt" (Kapitel 13, Vers 12). Vgl. Hermann Deleeck, Der Matthäuseffekt: Die nungleiche Verteilung der öffentlichen Sozialausgaben, in: Sozialer Fortschritt 33.Jg. H.8,1984 S.174.

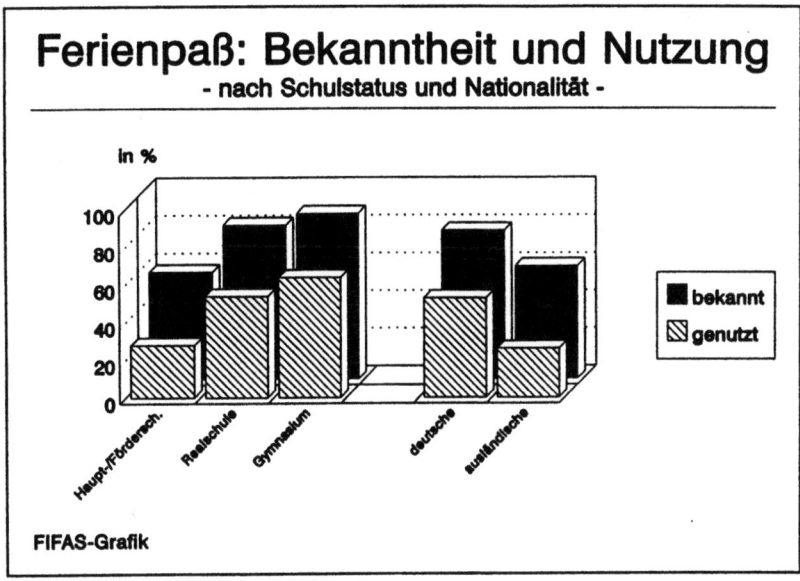

Abb. 52

Folgende weiteren Zusammenhänge lassen sich feststellen:
* Die geringere Bekanntheit und Nutzung des Passes durch ausländische Jugendliche lassen sich vor allem auf die Schulbildung zurückführen. Informationsdefizite bestehen lediglich bei ausländischen Schülerinnen und Schülern, die eine Haupt- oder Realschule besuchen. Ausländische Jugendliche, die ein Gymnasium besuchen, sind nicht schlechter informiert als deutsche Jugendliche.
* Bei den ausländischen Jugendlichen spielt zusätzlich das Geschlecht eine Rolle. Ein Drittel der männlichen ausländischen Jugendlichen hat den Paß schon einmal genutzt, während dies nur bei etwas mehr als einem Fünftel der ausländischen Mädchen der Fall ist.
* Die Abhängigkeit des Bekanntheitsgrades vom Alter der Befragten ist bei deutschen und ausländischen Jugendlichen verschieden. Bei den deutschen Jugendlichen steigt die Bekanntheit von 72 Prozent in der Altersgruppe der 12- bis 13jährigen auf 87 Prozent bei den 16- bis 18jährigen. Bei den ausländischen Jugendlichen sinkt hingegen der Bekanntheitsgrad in dieser Altersspanne von 67 Prozent auf 54 Prozent.
* Einen prozentual geringfügigen, aber doch signifikanten Unterschied gibt es zwischen Jugendlichen aus Einelternfamilien und anderen Familienformen. Der Ferienpaß ist bei Alleinerziehenden etwas bekannter als bei Mehrelternfamilien.

Wir haben alle Jugendliche, die den Paß kennen, ihn aber bisher nicht genutzt haben, nach den Gründen gefragt. Diese sind recht unspezifisch, meist besteht einfach kein Bedarf oder es fehlt an der nötigen Zeit. Diese beiden Antworten werden jeweils von etwa einem Drittel der Jugendlichen gegeben, die den Paß kennen aber noch nicht genutzt haben. Gründe, die sich auf die Art des Angebotes beziehen, wie etwa auf den Preis oder die Attraktivität der Unternehmungen kommen fast nicht vor.

5. Geschlechtspezifische Angebote

Das Kinder- und Jugendhilfegesetz fordert in § 9 Abs. 3 ausdrücklich, "bei der Ausgestaltung der Leistungen und der Erfüllung der Aufgaben (...) die unterschiedlichen Lebenslagen von Mädchen und Jungen zu berücksichtigen, Benachteiligungen abzubauen und die Gleichberechtigung von Mädchen und Jungen zu fördern". Mit dieser juristischen Normierung findet die in den 80er Jahren intensivierte mädchenpädagogische Fachdiskussion ihren Niederschlag im novellierten Jugendhilferecht. Unter dem Einfluß der Frauenbewegung mußte sich vor allem die Jugendarbeit mit dem Vorwurf auseinandersetzen, in erster Linie "Jungenarbeit" zu sein. Insbesondere die bislang favorisierte Koedukation geriet in die Kritik. Sie sei entgegen der früheren Erwartung nicht geeignet, Geschlechtsrollenstereotype abzubauen. Hinzuweisen ist in diesem Zusammenhang auf den 6. Jugendbericht, der noch heute eine der fundiertesten Darstellungen zur gesellschaftlichen Situation von Mädchen mit besonderem Bezug auf die Jugendhilfe darstellt.[25]

Um den Mädchen eigene Handlungsräume zu eröffnen und damit zu einem Abbau geschlechtsspezifischer Benachteiligungen beizutragen, werden von den Trägern der Jugendhilfe zunehmend Mädchengruppen, Mädchentreffs und Beratungsdienste für Mädchen eingerichtet.

---

[25] Vgl. Bundestagsdrucksache 10/1007 vom 15.02.1984. Die Expertisen zum 6. Jugendbericht finden sich in der Reihe Alltag und Biographie von Mädchen, Opladen 1984. Eine übersichtliche Kommentierung der rechtlichen Normierung geschlechtsspezifischer Arbeit im KJHG bietet die von der Bundesarbeitsgemeinschaft Jugendsozialarbeit herausgegebene Broschüre: § 9 Abs. 3 Rechtsverbindlichkeit und Handlungsanforderungen an die Jugendsozialarbeit, Bonn 1983.

Zu diesem Thema wurden in unserem Interview die folgenden Fragen gestellt:

> Frage 66: Kennst Du in Pforzheim geschlechtsspezifische Freizeitangebote? Also Angebote nur für Mädchen oder nur für Jungen?
> (Wenn ja:) Frage 66a: Hast Du schon einmal teilgenommen?
>
> Frage 67: Sollte es in Pforzheim mehr geschlechtsspezifische Angebote geben?
> (Wenn ja:) Frage 68: An was denkst Du da?

16 Prozent der Pforzheimer Jugendlichen wissen, daß es geschlechtsspezifische Angebote gibt. (Vgl. Tabelle 22.) Das Alter der Jugendlichen hat keinen Einfluß auf die Bekanntheit geschlechtsspezifischer Angebote. Auch hinsichtlich Geschlecht und Nationalität bestehen nur geringfügige Unterschiede. Mädchen und ausländische Jugendliche kennen etwas häufiger geschlechtsspezifische Angebote. Die größten Unterschiede ergeben sich, wenn man die Schullaufbahn der von uns befragten Jugendlichen betrachtet. Die Gymnasiasten sind mit 21 Prozent der Befragten am besten informiert. Sie kennen doppelt so häufig ein geschlechtsspezifisches Freizeitangebot wie die Hauptschüler (zehn Prozent).

Nur sieben Prozent der Jugendlichen haben schon einmal ein geschlechtsspezifisches Angebot genutzt. Der Nutzungsanteil der Hauptschüler (fünf Prozent) liegt bei der Hälfte des Anteiles der Gymnasiasten (zehn Prozent). Die übrigen sozialen Merkmale ergeben keinen signifikanten Unterschied bezüglich der Nutzung.

Interessant ist das Antwortverhalten hinsichtlich der Frage, ob es mehr geschlechtsspezifische Angebote geben sollte. Etwa ein Viertel der Jugendlichen bejaht diese Frage. Am höchsten ist der Bedarf nach geschlechtsspezifischen Angeboten bei den ausländischen Jugendlichen (35 Prozent). Die 12- bis 13jährigen Jugendlichen (30 Prozent) sowie die Haupt- und Förderschüler (32 Prozent) äußern ebenfalls überdurchschnittlich oft den Wunsch nach geschlechtsdifferenzierten Freizeitangeboten.

Sehr gering sind die Unterschiede zwischen den Äußerungen der Mädchen und der Jungen. Beide Gruppen weichen nur minimal vom Gesamtdurchschnitt aller Befragten ab. Auch eine zusätzliche Differenzierung der sozialen Gruppen hinsichtlich des Geschlechtes ergab keine weiteren Resultate. In der Tat scheinen die Hauptschüler ebenso wie die ausländischen und die jüngeren Jugendlichen unabhängig von ihrem Geschlecht, eine etwas höhere Affinität zu geschlechtsspezifischen Angeboten zu haben. Insgesamt ist aber festzuhalten, daß die übergroße

Mehrheit der Jugendlichen keinen Bezug zu geschlechtsspezifischen Angeboten hat und eine Steigerung des Angebots für nicht notwendig hält. Auch die offene Nachfrage, welche geschlechtsspezifischen Angebote es mehr geben sollte, ergab keine deutlichen Schwerpunkte. Von den ca. 100 abgegebenen Nennungen konnte keine Angabe mehr als zwei Prozent der von uns Befragten auf sich vereinigen. Etliche Äußerungen bezogen sich auf

* Sportangebote für Mädchen, z.B. Fußball, Billiard und Basketball
* Angebote der Jugendarbeit: Mädchen-Clubs, Treffs, Gruppen
* spezifische Angebote für Jungen: Gruppen, Sport, Clubs.

Die Äußerungen waren in der Mehrzahl allerdings sehr vielfältig und schwer auf einheitliche Überbegriffe zu bringen. Sie decken das ganze Spektrum jugendlicher Freizeitaktivitäten ab.

Tabelle 22: Bekanntheit, Nutzung und Bedarf von geschlechtsspezifischen Angeboten

	Geschlechtspezifische Angebote (Angaben in Prozent)		
	bekannt	genutzt	sollte mehr geben
12-13 Jahre	15	8	30
14-15 Jahre	18	10	24
16-18 Jahre	15	5	19
männlich	13	7	22
weiblich	19	8	26
Haupt-/Fördersch.	10	5	32
Realschule	19	8	27
Gymnasium	21	10	14
ausländische	17	5	35
deutsche	13	8	21
insgesamt	16	7	24

Prozentuierungsbasis: 100 % = 591 befragte Jugendliche

VIII. Eine "Schlußbilanz": Ressourcen von Jugendlichen - jugendkulturelle Orientierungen - Bekanntheit und Nutzung von Angeboten der offenen Jugendarbeit

Wie hängt nun alles miteinander zusammen? In zwei "Zwischenbilanzen" wurden bereits Zusammenhänge dargestellt: In Kapitel IV wurde gezeigt, daß sich die Situation von Jugendlichen unter den beiden Gesichtspunkten "soziales Kapital" und "jugendkulturelles Kapital" recht gut beschreiben läßt. In Kapitel VI wurden Orientierungstypen beschrieben: institutionell-integrierte Jugendliche, hedonistische Orientierungen, Jugendliche mit kritisch-engagierter Orientierung, Medien- und Actionorientierung. Mit diesen Konzepten wurde der weite Bereich der Freizeitaktivitäten und -interessen gebündelt und konzentriert. Es wurde auch gezeigt, daß diese Orientierungen z.T. sehr eng mit den Freizeitressourcen und mit den sozialen Ressourcen von Jugendlichen gekoppelt sind.

Die Ergebnisse von Kapitel VII haben nun deutlich gemacht, daß es vielfältige Zusammenhänge zwischen einzelnen Merkmalen der sozialen Situation von Jugendlichen und der Bekanntheit und Nutzung von Angeboten gibt. Die in den Kapiteln IV und VI vorgenommene Konzentration wird nun fortgesetzt: Gezeigt wird, welche Beziehungen zwischen sozialem und jugendkulturellem Kapital, den Orientierungen von Jugendlichen und der Bekanntheit und Nutzung von Angeboten bestehen.

Wer kann durch die Angebote der offenen Jugendarbeit erreicht werden?

Die Angebote der offenen Jugendarbeit - Jugendzentren, Beratungsstellen und das Ferienprogramm - sprechen eine große Zahl von Jugendlichen aus allen Bildungsgruppen und sozialen Schichten an. Die Akzeptanz dieses Angebotes ist durchweg gut, aber die Auswertungen haben auch gezeigt, daß Informierte und Nutzer keineswegs zufällig verteilt sind. Das wird noch einmal deutlich, wenn die Informierten und Nutzer in einem Koordinatensystem mit den Achsen soziales und jugendkulturelles Kapital abgebildet werden (Abb. 53, Abb. 54 und Abb. 55).

Mit zunehmendem sozialen und jugendkulturellem Kapital wächst die **Informiertheit** über alle Angebote der offenen Jugendarbeit. Jugendliche, die mehrere Beratungsangebote kennen, die über den Ferienpaß informiert sind und über die Jugendzentren Bescheid wissen, haben eine höhere durchschnittliche Schulbildung als die

Uninformierten, kommen häufiger aus gehobenem sozialen Milieu und können auch relativ gut über die Freizeitressourcen Zeit, Geld, Kontakte und Freiheiten verfügen.

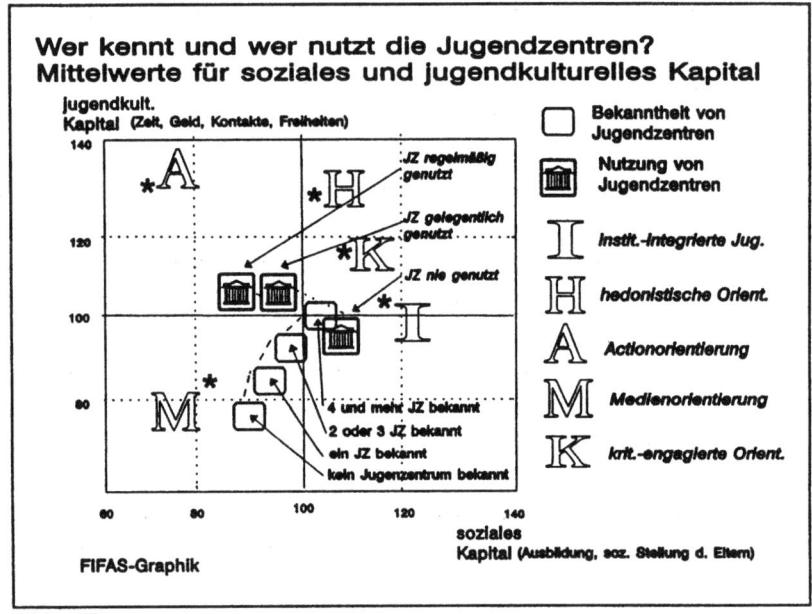

Abb. 53

FIFAS-Studie: Jugendliche in Pforzheim 1994

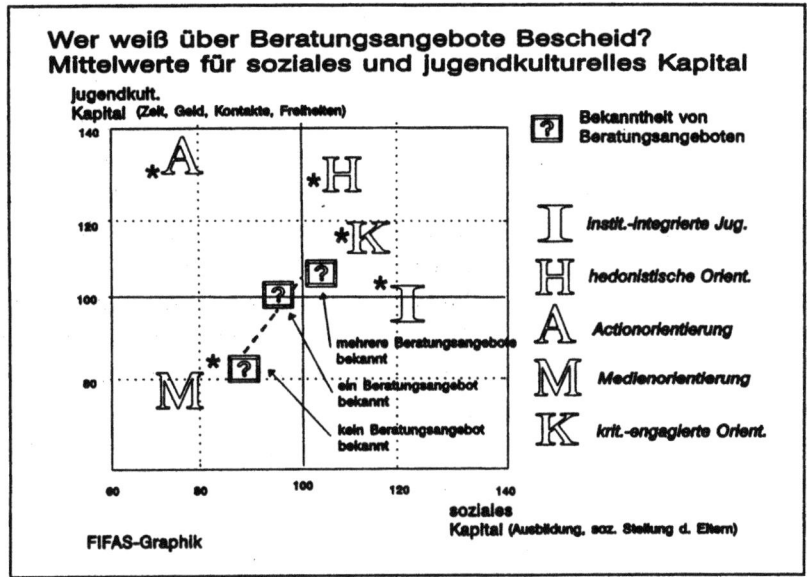

Abb. 54

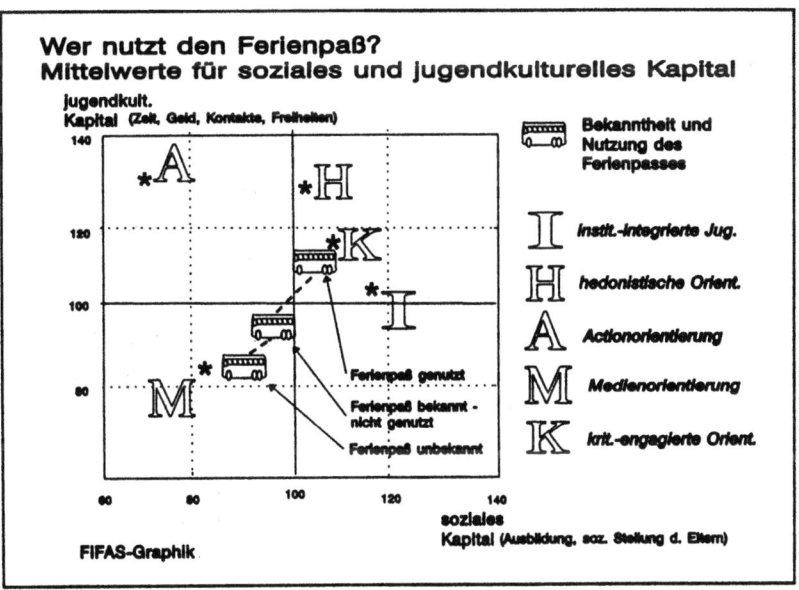

Abb. 55

Die **Jugendzentren** sind am wenigsten bei den doppelt benachteiligten Jugendlichen bekannt. Jugendliche die überhaupt keines der Pforzheimer Jugendzentren kennen, haben im Durchschnitt ein sehr niedriges soziales und jugendkulturelles Kapital. Wer schlechte soziale Startchancen hat und über wenig Freizeitressourcen verfügt, weiß auch weniger gut über die Jugendzentren Bescheid. Das gleiche Bild ergibt sich für die **Beratungsangebote** und für den Ferienpaß. Beide Angebote sind Jugendlichen mit ungünstigen sozialen Startchancen und wenig Freizeitressourcen praktisch unbekannt (Abb. 54 und Abb. 55). In dieser Gruppe von Jugendlichen konzentrieren sich verschiedene Formen der Benachteiligung: Sie besuchen die Haupt- oder Förderschule; ihre Eltern sind in Arbeiterberufen tätig; sie haben wenig Zeit und Geld, sind nur in geringem Umfang in Jugendcliquen eingebunden, haben wenig Freiheiten. Hinzu kommt dann noch, daß ihnen auch die Angebote der offenen Jugendarbeit weitgehend unbekannt sind. In dieser Gruppe von Jugendlichen ist die Medienorientierung sehr stark ausgeprägt. Ihnen stehen nur wenig Möglichkeiten zur Verfügung, an anderen jugendspezifischen Aktivitäten teilzunehmen und als Folge davon gewinnen Fernsehen, Video und z.T. auch der Computer einen hohen Stellenwert für die Freizeitgestaltung. Diese Jugendlichen werden von den Angeboten der offenen Jugendarbeit überhaupt nicht erreicht. Ihr Anteil an den Jugendlichen im Alter von zwölf bis 18 Jahren ist allerdings sehr gering und dürfte bei fünf bis maximal zehn Prozent liegen.

Beim **Ferienpaß** steigt nicht nur die Informiertheit, sondern auch die **Nutzung** mit zunehmendem sozialen und jugendkulturellem Kapital. Dieses Angebot wird eher von Jugendlichen genutzt, die nicht benachteiligt sind. Der Anteil von Jugendlichen, die eine Realschule oder ein Gymnasium besuchen oder einen entsprechenden Abschluß haben, ist überdurchschnittlich hoch. Auch die Verfügbarkeit über Zeit, Geld, Kontakte und Freiheiten ist deutlich besser als bei Jugendlichen, die dieses Angebot nicht nutzen. Hier muß aber berücksichtigt werden, daß diesen Trendaussagen immer eine "relativistische Betrachtung" zugrunde liegt: Wenn davon die Rede ist, daß die Nutzer des Ferienpasses eher nicht zu den benachteiligten Jugendlichen gehören, so heißt das keineswegs, daß die Ferienpaßnutzer in übermäßig hohem Maße gesellschaftliche Privilegien genießen. Die Ferienpaßnutzer sind alles andere als "Yuppies" - sie befinden sich aber im Vergleich zu anderen Jugendlichen in einer relativ günstigen Situation. Ihre sozialen Startchancen sind durchschnittlich bis gut und sie befinden sind im Hinblick auf wichtige jugendkulturelle Freizeitressourcen gegenüber den Nichtnutzern eher in einer besseren Lage.

Für die **Jugendzentren** läßt sich ein merkwürdiger Zusammenhang beobachten. Die Informiertheit steigt mit zunehmendem sozialen und jugendkulturellem Kapital. Die Informierten haben nicht nur gute soziale Chancen, sondern können auch überdurchschnittlich gut über Zeit, Geld, Kontakte und Freiheiten verfügen. Die regelmäßigen Nutzer von Jugendzentren entsprechen jedoch nicht diesem Muster. Sie haben zwar ein relativ hohes jugendkulturelles Kapital, aber ihre sozialen Startchancen sind eher ungünstig. Sie besuchen überdurchschnittlich häufig die Hauptschule. Der Anteil von Arbeiterkindern und Jugendlichen mit ausländischer Staatsangehörigkeit ist deutlich höher als bei den Nichtnutzern. In dieser Hinsicht sind sie den Jugendlichen, die über Jugendzentren schlecht informiert sind sehr ähnlich. Sie unterscheiden sich aber in einem wichtigen Punkt: Ihr durchschnittliches jugendkulturelles Kapital ist deutlich höher als das der schlecht Informierten. Sie haben überdurchschnittlich viel Zeit, sind meistens in Cliquen eingebunden und können in überdurchschnittlich hohem Maße über Freiheiten verfügen. Ihre Ressourcensituation entspricht nicht völlig der Situation der Actionorientierten, aber es ist doch eine gewisse Nähe erkennbar.

Nun sind das alles aber sehr allgemeine Trendaussagen über die Mittelwerte von sozialem und jugendkulturellem Kapital der Nutzer und Nichtnutzer, der Informierten und der Uninformierten. Von diesen durchschnittlichen Tendenzen gibt es vielfältige Abweichungen. Das läßt sich zeigen, wenn die Nutzer einzelner Jugendzentren genauer betrachtet werden. Die Abbildung 56 zeigt, daß die Jugendzentren von Pforzheim eine sehr unterschiedliche Klientel haben.

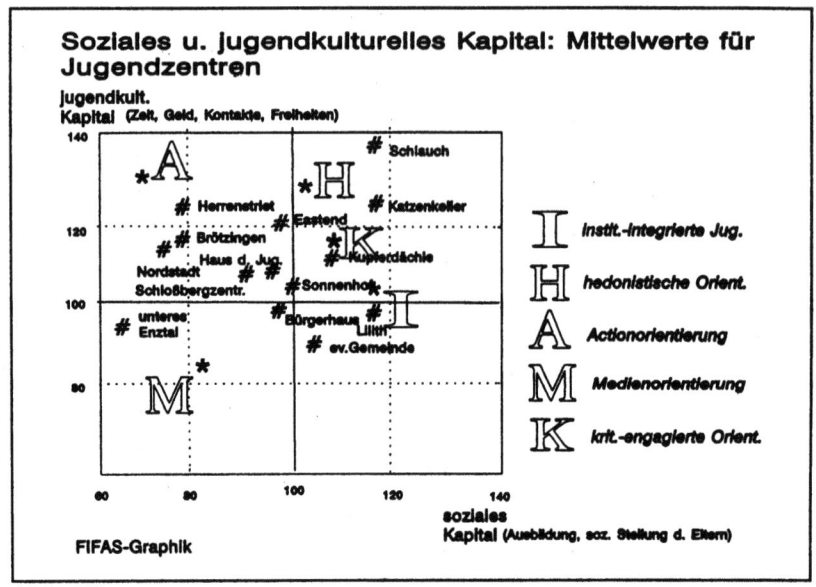

Abb. 56

* Jugendliche, die den Schlauch, den Katzenkeller und das Kupferdächle besuchen, haben im Durchschnitt ein relativ hohes soziales und jugendkulturelles Kapital. Das gilt besonders für den Schlauch und den Katzenkeller.
* Die Jugendzentren Herrenstriet, Brötzingen und Nordstadt werden dagegen eher von Jugendlichen mit ungünstigen sozialen Startchancen, aber überdurchschnittlich guter Verfügbarkeit über Freizeitressourcen besucht.
* Das einzige Jugendzentren, dessen Besucher der Tendenz nach sowohl in sozialer als auch in jugendkultureller Hinsicht benachteiligt sind, ist das Jugendzentrum "unteres Enztal".
* Lilith wird überwiegend von Mädchen mit relativ guten sozialen Startchancen und durchschnittlichen Freizeitressourcen besucht.

Bei den übrigen Jugendzentren überwiegen "durchschnittliche" Verhältnisse, bzw. die Besucher sind im Hinblick auf soziales und jugendkulturelles Kapital sehr heterogen.

IX. Schlußbetrachtung

Was für ein Bild von Jugendlichen vermittelt nun die Pforzheimer Studie? Was für Schlüsse kann man daraus ziehen? Wir wollen hier am Ende unseres Berichtes nicht noch einmal alles zusammenfassen. Wichtiger erscheinen uns einige generalisierende Feststellungen.

1. Wie stimmig sind die in der Öffentlichkeit verbreiteten Vorstellungen von Jugend?

Als erstes möchten wir festhalten, daß die Pforzheimer Jugendstudie zu einem völlig "unspektakulären Bild" von Jugend kommt. Wo sind die "gewaltbereiten" Jugendlichen? Wo sind die Fernseh- und Videosüchtigen? Wo die Computerfreaks? Haben die Freiburger Forscher vergessen, nach der "Generation-X" zu fragen? Wo sind die "konsumsüchtigen" Jugendlichen? Wo die "Aussteiger" und "Ausgeflippten"?

Alles das ist in unserer Untersuchung nicht zu finden. Stattdessen kommt heraus, daß für über 80 Prozent der Jugendlichen der Sport eine wichtige Freizeitbeschäftigung ist. Die meisten Jugendlichen (97 Prozent) wohnen noch bei ihren Eltern. Selbst von den 16jährigen und älteren Jugendlichen leben noch 95 Prozent in der Wohnung der Eltern. Mehr als die Hälfte der Jugendlichen sind in einem Verein. Das Interesse am Theater und an der konventionell-etablierten Kultur ist beachtlich. Die Jugendtreffs kommen recht gut an. Die Mehrheit der Jugendlichen empfindet keine Langeweile oder nur "selten". Es gibt kaum isolierte Jugendliche. Fast alle haben einen Freund/eine Freundin oder einen Partner/eine Partnerin. Über 50 Prozent sind Mitglied in einer Clique, die sich relativ häufig trifft. Das Fernsehen wird noch nicht einmal von zehn Prozent als ernstzunehmende Freizeitbeschäftigung betrachtet. Und gerade sechs Prozent der Jugendlichen erwähnen den Umgang mit dem Computer als Freizeitbeschäftigung. Ein Versuch zur Bestimmung der quantitativen Bedeutung verschiedener jugendkultureller Orientierungen erbringt das Resultat, daß rund 70 Prozent der Jugendlichen in Pforzheim "institutionell-integriert" sind.

Dieses Bild von Jugend entsteht, weil die Pforzheimer Untersuchung auf einer repräsentativen Stichprobe beruht und nicht auf einer Auswahl von besonders belasteten oder auffälligen Jugendlichen. Der Vorteil solch einer breit angelegten Untersuchung besteht darin, daß sie den Blick für Proportionen schärft.

Vieles, was man in den Medien über Jugendliche lesen kann, ist mit den Ergebnissen dieser Untersuchung nicht vereinbar. Das gilt für so "heiße" Themen wie "Gewalt", "Medienabhängigkeit" und "konsumistische Orientierungen".

Gewalt

Es wäre sicher möglich gewesen, einen Fragebogen zu konstruieren, der zu dem "Ergebnis" führt, daß 30 Prozent der Pforzheimer Jugendlichen "gewaltbereit" sind oder sich vor Gewalt "fürchten". Unsere Vorgehensweise war sehr viel vorsichtiger und wir sind sicher, daß die auf diese Weise gewonnenen Ergebnisse gültiger sind. Im Interview gab es einige **offene** Fragen, die den von uns befragten Jugendlichen die Chance gegeben haben, sich über Gewalt zu äußern - nicht als "Täter", wohl aber als "Opfer":
* Was stört im Umfeld der Wohnung? (Frage 10)
* Gibt es am Treffpunkt der Clique Probleme? Was für Probleme sind das? (Frage 40)
* Was gefällt bei den Pforzheimer Jugendzentren nicht? (Frage 62)
* Aus welchen Gründen werden Jugendzentren nicht besucht? (Frage 65)

Die Jugendlichen haben von diesen Möglichkeiten, sich über die Erfahrung von Gewalt zu äußern, kaum Gebrauch gemacht. Insgesamt haben nur elf Prozent eine der obigen Fragen mit einer Aussage beantwortet, die auf die Erfahrung von Gewalt hindeutet. Aber um zu diesem Anteil zu kommen, mußte der Gewaltbegriff schon sehr weit gefaßt werden. Auch Aussagen über "Konflikte zwischen Jugendlichen" wurden dazugerechnet.

Jungen berichten etwas häufiger über Gewalterfahrungen als Mädchen (13 Prozent vs. sieben Prozent). Mit zunehmendem Alter steigt der Anteil von Jugendlichen, die über Gewalterfahrungen berichten - bei den 12- und 13jährigen fünf Prozent, bei den 16jährigen und älteren 14 Prozent. In den Stadtteilen ist der Anteil der über Gewalt berichtenden Jugendlichen nicht sehr unterschiedlich. Lediglich im Stadtgebiet Südoststadt/Au berichten deutlich mehr Jugendliche darüber, daß sie sich durch Gewalt belästigt fühlen (20 Prozent).

Es gibt insgesamt aber nur wenig Anhaltspunkte dafür, daß Jugendliche in größerem Umfang "Gewalt" als ein sie berührendes und belästigendes Problem erfahren.

Den Anteil der "gewaltbereiten" Jugendlichen - also die potentiellen "Täter" - können wir mit unserer Untersuchung nicht abschätzen. Wir müssen aber vermuten, daß er sehr viel kleiner ist als allgemein angenommen wird. Darauf deutet der sehr geringe Anteil von Jugendlichen hin, der sich einer "actionorientierten Jugendkultur" zurechnen läßt. Nur drei Prozent der Jugendlichen zeigen Anzeichen für ein solches Orientierungsmuster.

Das Thema "Gewalt" wird u.E. in der öffentlichen Diskussion aufgebauscht und dramatisiert - und es läßt sich auch begründen, warum das so ist:
Wir alle sind sehr viel sensibler gegenüber Gewalt geworden. Diese gestiegene Sensibilität gegenüber Gewalt kann als Begleiterscheinung eines noch immer anhaltenden Zivilisierungsprozesses betrachtet werden.[26] Die zunehmende Sensibilisierung gegenüber Gewalt, läßt uns Verhaltensweisen als "gewalttätig" wahrnehmen, die vor 15 oder 20 Jahren noch nicht als besonders beachtenswert registriert wurden. Es wird z.B. immer wieder auf die "Verrohung" unter den Schülern hingewiesen. Eine solche "Verrohung" gab es natürlich auch in den 50er Jahren - wer damals groß geworden ist, wird sich bestimmt noch an manche blutige Nase - die eigene oder die von Kameraden - erinnern. Auch der Hinweis auf die "Bewaffnung" von Schülern fehlt selten, wenn die zunehmende "Gewaltbereitschaft" belegt werden soll. Aber hat sich wirklich soviel geändert? Welcher Junge hatte in den 50er Jahren kein Taschenmesser? Als besonders prestigeträchtig galten Fahrtenmesser/Hirschfänger, die in die Seitentasche der Lederhose gesteckt wurden. Die Schleudern (Zwillen), die wir damals selbst hergestellt und mit Steinen oder Murmeln verschossen haben, würde man heute wahrscheinlich als gefährliche Mordinstrumente klassifizieren und die Lokalpresse würde darüber berichten.

Geändert haben sich auch die Formen der gesellschaftlichen Kontrolle. Während vor 20 oder 30 Jahren in den Wohngebieten der Städte die informellen Kontrollen noch einigermaßen funktionsfähig waren, ist das heute immer weniger der Fall. Wenn ein Nachbarskind von einem anderen verprügelt wurde, dann haben sich allenfalls die Eltern untereinander verständigt und es gab (manchmal) eine saftige Bestrafung. Heute ist die Chance groß, daß davon eine offizielle und formale Kontrollinstanz erfährt - die Schulleitung, die Bezirkssozialarbeiterin, vielleicht sogar die Polizei. Auf diesen Wegen gelangt dann immer mehr Wissen über die Gewalt von Kindern und Jugendlichen in die offiziellen Mühlen, damit in amtliche Statistiken und wir erfahren einfach mehr darüber, als das in der Vergangenheit der

---

[26] Vgl. Norbert Elias: Über den Prozeß der Zivilisation, Frankfurt 1982

Fall war.

Geändert haben sich schließlich auch die Medien - also die Organe, denen wir unser Wissen über die Gewalt von Kindern und Jugendlichen in erster Linie verdanken. Die Zahl der Medien hat sich vergrößert, damit ist der Konkurrenzdruck gewachsen und der Druck, etwas Interessantes und Spektakuläres zu berichten wurde größer, und wenn man so etwas endlich gefunden hat, will man es auch so intensiv wie möglich ausschlachten. Dazu eignet sich das Thema Gewalt natürlich besonders gut. Gewalt ist immer spektakulär - nicht umsonst werden Krimis so gerne gelesen - und Gewalt ist noch einmal besonders spektakulär, wenn sie von Personen ausgeübt wird, denen man das eigentlich nicht zutraut. Der Schauder, den jede Gewalttat auslöst, wird dann noch einmal beträchtlich gesteigert.

Niemand will leugnen, daß es Gewalt gibt und es gibt auch Jugendliche, bei denen ein mentaler Hintergrund vorhanden ist, der mit der Möglichkeit einer erhöhten Gewaltbereitschaft verbunden ist. Wir haben aber den Eindruck, daß man in der öffentlichen Diskussion des Themas "Gewalt" immer mehr den Blick für Proportionen verliert. Deshalb haben wir in der Pforzheimer Studie dieses Thema auch so vorsichtig angefaßt. Von sich aus hatten die Jugendlichen alle Gelegenheit, sich dazu zu äußern. Daß sie es kaum getan haben, müssen wir so interpretieren, daß Gewalt - wir sprechen hier immer von direkter **körperlicher** Gewalt - für ihren Alltag keine sehr große Bedeutung besitzt.

Medienabhängigkeit

Wenn es darum geht, die Situation von Jugendlichen einzuschätzen, wird immer wieder auf die zunehmende Medienabhängigkeit hingewiesen. Die Ergebnisse der Pforzheimer Studie können das nicht bestätigen. Einerseits müssen wir davon ausgehen, daß nahezu alle Jugendlichen das Fernsehen nutzen. Aber das Fernsehen hat nur für einen sehr kleinen Teil der Jugendlichen als Freizeitbeschäftigung eine signifikante Bedeutung. Nur knapp zehn Prozent erwähnen das Fernsehen oder Videos, wenn sie erläutern sollen, was sie in ihrer Freizeit tun. Und auf die Frage, was sie gerne mehr tun möchten, wenn die Möglichkeit dazu bestünde, wird das Fernsehen von keinem einzigen Jugendlichen erwähnt.

Ähnlich ist die "Computerabhängigkeit" einzuschätzen. Viele Jugendliche haben Erfahrungen im Umgang mit Computerspielen. Aber nur rund sechs Prozent erwähnen die Beschäftigung mit Computern, wenn es darum geht, eine Aussage über wichtige und häufige Freizeitbeschäftigungen zu machen. Und kaum einer möchte sich in seiner Freizeit "mehr" damit befassen. Die "Computerkids" gibt es in Pforzheim ebensowenig wie eine "Hacker-Subkultur".

Zwei weitere Ergebnisse deuten darauf hin, daß Fernsehen und Computer eher von marginaler Bedeutung für das Freizeitgeschehen von Jugendlichen sind: Zum einen ist erkennbar, daß Fernsehen und Computer mit zunehmendem Alter erheblich an Bedeutung verlieren und bei den älteren Jugendlichen kaum noch einen nennenswerten Stellenwert für die Freizeitgestaltung besitzen. Und zum anderen ist der Anteil der Jugendlichen, die über Langeweile berichten, gerade bei denen besonders hoch, für die das Fernsehen und der Computer in der Freizeit eine gewisse Bedeutung hat.

Nun weiß aber niemand, wie sich die Situation weiterentwickeln wird. Die Medien entwickeln sich ständig weiter. Multimedia steht vor der Tür, ebenso der grenzenlose Zugang zum internationalen Datennetz und die informationstechnischen Spiele werden zunehmend attraktiver. In Freiburg konnten wir feststellen, daß Kinder sich umso mehr den Medien zuwenden, je schlechter die Aktionsraumqualität im unmittelbaren Wohnumfeld ist. Für Jugendliche ist die Bindung an den Nahbereich sicher weniger stark, aber auch sie sind darauf angewiesen, daß öffentliche Räume in erreichbarer Nähe vorhanden sind.

Konsum-Orientierung

Von allen Stereotypen, die auf Jugendliche bezogen werden, finden sich vielleicht für die Vorstellung von den "konsumabhängigen Kids" am ehesten empirische Belege. Der Versuch zur Beschreibung von jugendkulturellen Orientierungen hat immerhin das Ergebnis erbracht, daß rund 40 Prozent der Pforzheimer Jugendlichen eine "hedonistische" Orientierung haben. Für die Vorstellung von den konsumsüchtigen Jugendlichen könnte auch geltend gemacht werden, daß die Freizeitbeschäftigung "Ausgehen" eine so große Bedeutung hat. Sie steht immerhin an zweiter Stelle, und wenn es darum geht, was man gerne **mehr** machen möchte, werden auch sehr häufig Tätigkeiten genannt, die sich auf "Ausgehen" beziehen. Das ist aber auch der deutlichste Indikator, der auf ein gewisses Konsuminteresse schließen läßt. Die Konsumorientierungen manifestieren sich also zum allergrößten Teil in Unternehmungen, bei denen man andere Jugendliche - meistens die Clique - treffen kann. Nun ist das sicher nicht verwunderlich. Andere treffen, mit der Clique zusammensein, hat für Jugendliche immer eine große Bedeutung gehabt und es sieht so aus, daß dafür auch in zunehmendem Maße kommerzielle Angebote genutzt werden müssen. Wer die Entstehung "konsumistischer Orientierungen" verhindern will, könnte das also am ehesten durch ein breites Angebot öffentlicher Räume erreichen, damit Jugendliche weniger auf kommerzielle Räume als Treffpunkte angewiesen sind.

Im übrigen wäre es erstaunlich, wenn man in einer Gesellschaft, in der Konsumieren eine so große Bedeutung hat, bei der Mehrheit der Jugendlichen asketische Neigungen entdecken würde. Vieles spricht auch dafür, daß die Konsumorientierung der Jugendlichen eher geringer ist als die der Erwachsenen. Für diese Annahme spricht der erstaunlich geringe Betrag, der für Konsumausgaben zur freien Verfügung steht. Wenn die Mehrheit der Jugendlichen in der hier untersuchten Altersgruppe nicht über mehr als 40 bis 60 DM pro Monat frei verfügen können, fehlt jede Grundlage, um einem "totalen Konsumrausch" zu verfallen. Natürlich muß hier differenziert werden. Die Auszubildenden können über mehr Geld verfügen, aber auch ihre frei disponierbare Kaufkraft - im Durchschnitt rund 200 DM pro Monat - sollte nicht überschätzt werden.

Die Zuschreibung von konsumistischen Orientierungen könnte sich bei genauerem Hinsehen als eine Projektion von Erwachsenen erweisen, die bei den Jugendlichen solche Neigungen verurteilen, über die sie selber im Übermaß verfügen.

2. Antworten auf offene Fragen

In der Einleitung haben wir fünf Fragen formuliert, für die wir Antworten durch diese Untersuchung erwartet haben. Wie lauten nun diese Antworten?

Frage 1: Sind Mädchen gegenüber Jungen in der hier untersuchten Altersgruppe benachteiligt?

Die Ergebnisse der Pforzheimer Studie zu dieser Frage sind nicht einheitlich: Sicher ist, daß die Zugangschancen der Mädchen zum höheren Bildungswesen nicht schlechter sind als die der Jungen. Das ist ein Ergebnis, das auch in anderen Untersuchungen berichtet wird. Damit ist natürlich nicht gesagt, daß auch nach der hier untersuchten Altersphase die sozialen Chancen von Frauen und Männern gleich sind. Nach allem, was wir über die Verteilung höherer sozialer Positionen wissen, ist das sogar eher unwahrscheinlich. Eine institutionell verfestigte Diskriminierung von Frauen über das Bildungssystem ist jedoch zumindest im Jugendalter nicht beobachtbar.

Die Pforzheimer Untersuchung hat andererseits aber auch deutliche Benachteiligungen aufgedeckt. Eine Benachteiligung der Mädchen gegenüber den Jungen konnten wir vor allem im Hinblick auf das jugendkulturelle Kapital beobachten. Mädchen verfügen in spürbar geringerem Maße über Freizeitressourcen, die zur Teilnahme an jugendspezifischen Aktivitäten wichtig sind. Das gilt nicht für Geld oder Räume. Mädchen haben genauso viel Geld zur freien Verfügung wie Jungen. Sie haben auch nicht seltener ein eigenes Zimmer. Auch die Kontaktchancen von Mädchen sind keineswegs schlechter als die der Jungen. Eine Benachteiligung besteht aber auf dem Gebiet der Selbständigkeit und Autonomie. Mädchen haben deutlich weniger freie Zeit und sie sind in erheblich höherem Maße Regelungen und Einschränkungen durch die Eltern unterworfen. Zwischen Jungen und Mädchen besteht im Hinblick auf die Ressourcen Zeit und Freiheiten nicht nur ein deutlicher Unterschied, sondern es ist auch so, daß die Unterschiede sich mit zunehmendem Alter verstärken.

Desweiteren konnten wir einige z.T. beträchtliche geschlechtsspezifische Unterschiede im Freizeitverhalten und in den Orientierungen von Jungen und Mädchen feststellen. Dabei ist allerdings nicht immer entscheidbar, ob es sich um Benachteiligungen oder Bevorzugungen handelt:

* Jungen beschäftigen sich in der Freizeit häufiger mit Sport als Mädchen.
* Mädchen betreiben aber häufiger "exklusive Sportarten", vor allem Reiten.
* Mädchen sind weniger medienorientiert als Jungen und haben ein deutlich geringeres Interesse am Computer. Ist das ein "Vorteil" oder ein "Nachteil"?
* Mädchen sind eindeutig "kulturbeflissener" als Jungen. Sie betreiben in ihrer Freizeit häufiger etwas, was von Lehrern oder Eltern als wertvoll betrachtet wird. Sie gehen z.B. häufiger ins Theater.
* Dafür ist der Anteil der actionorientierten Mädchen praktisch gleich Null. Aber was bedeutet das? Ist das eine Benachteiligung oder eher ein Vorteil?
* Es gibt Jugendzentren und Freizeitangebote, die in besonderem Maße das Interesse von Jungen finden. Aber andererseits sind Mädchen keineswegs ausgeschlossen und in einigen Jugendzentren sind Jungen und Mädchen durchaus gemäß ihrem Bevölkerungsanteil vertreten. Auch der Wunsch nach mehr geschlechtsspezifischen Angeboten ist bei den Mädchen keineswegs stärker ausgeprägt als bei den Jungen und hängt sehr viel stärker von der Schulbildung ab als vom Geschlecht.

Frage 2: Welche Bedeutung haben ökonomische und soziale Ungleichheiten im Jugendalter?

Trotz aller Individualisierung und Destandardisierung haben ökonomische und soziale Ungleichheiten für die Lebenssituation von Jugendlichen eine ganz erhebliche Bedeutung. Das zeigt sich besonders, wenn es um die sozialen Startchancen von Jugendlichen geht. Das System der Chancenverteilung ist sehr viel geschlossener als oft vermutet wird. Eltern "vererben" in ganz erheblichem Umfang ihr "soziales Kapital" an ihre Kinder.

Das gibt Anlaß zu der Frage, welchen Beitrag diese deutlich erkennbare Tendenz zur "sozialen Vererbung" von Startchancen zur Demotivierung und Resignation von Jugendlichen leistet. Die Frage ist deshalb berechtigt, weil die tatsächlichen Verhältnisse - wie auch in dieser Untersuchung deutlich wurde - in einem krassem Widerspruch zu populären Vorstellungen stehen. In einer völlig falsch verstanden Weise hat die soziologische Hypothese über die "zunehmende Individualisierung in unserer Gesellschaft" Eingang in die Öffentlichkeit gefunden. In der popularisierten Form dieser These wird unterstellt, daß die "sozialmoralischen Milieus" von Schicht und Klasse für die Entscheidungen von Individuen immer weniger Bedeutung haben.[27] In dieser modernisierten Version einer Ideologie der "klassenlosen Gesellschaft" wird unterstellt, daß jedermann frei und unabhängig von strukturellen Zwängen über seine soziale und ökonomische Situation entscheiden muß und auch entscheiden kann. Die Frage ist nun, ob Jugendliche diese Vorstellung teilen, bzw. für welche Jugendlichen diese Auffassung glaubwürdig ist. Wenn Jugendliche mit blockierten Startchancen das Gesellschaftsbild der "Individualisierungstheorie" akzeptieren, müssen sie sich zwangsläufig als Versager definieren, als Individuen, die aufgrund personaler Defizite nicht zu optimalen Entscheidungen in der Lage sind. Es ist dann sehr wahrscheinlich, daß sie allmählich resignieren und aus dem Wettbewerb um attraktive gesellschaftliche Positionen aussteigen. Vielleicht kann nur die Einsicht in die sozialstrukturelle Abhängigkeit von Startchancen vor einer solchen Selbstetikettierung schützen.

---

[27] Vertreter dieser popularisierten Individualisierungstheorie berufen sich auf die Arbeiten von Ulrich Beck - z.B. U.Beck, Jenseits von Klasse und Stand, in: U.Beck, E.Beck-Gernsheim (Hg.), Riskante Freiheiten, Frankfurt 1994, S. 43-60. In der populären Variante der Individualisierungsthese wird unterstellt, daß faktische Ungleichheiten und Startnachteile an Bedeutung verloren haben. Davon ist in den soziologischen Individualisierungstheorien aber keine Rede.

Wie wir zeigen konnten, wird die Situation von Jugendlichen nicht allein von ihrem "sozialen Kapital" - ihren Startchancen - bestimmt, sondern auch von der Verfügbarkeit über Freizeitressourcen. Wir haben das in dem Begriff "jugendkulturelles Kapital" zusammengefaßt: das Ausmaß, in dem jemand über Zeit, Geld, Kontakte und Freiheiten verfügen kann. Auch auf dieser Dimension ist die Ungleichheit zwischen Jugendlichen ganz beträchtlich. Allerdings handelt es sich hier um eine vorübergehende Ungleichheit, die mit zunehmendem Alter an Bedeutung verliert - bei Jungen schneller als bei Mädchen. In der hier untersuchten Altersphase sind diese Ungleichheiten natürlich sehr wichtig, da sie in einer unmittelbaren Weise beeinflussen, wie gut jemand an jugendspezifischen Aktivitäten teilnehmen kann.

Mit den beiden Aspekten von Ungleichheit - sozialem und jugendkulturellem Kapital - konnten wir verschiedene Situationstypen beschreiben, für die sich wiederum unterschiedliche Orientierungen und Freizeitinteressen beobachten lassen: Die privilegierten Jugendlichen - hohes soziales und jugendkulturelles Kapital - haben eine deutliche Affinität zu hedonistischen und kritisch-engagierten Orientierungen. Jugendliche, die auf beiden Dimensionen benachteiligt sind, neigen sehr stark zur Medienorientierung. Und eine deutliche Actionorientierung ist am ehesten bei Jugendlichen zu erwarten, die in sozialer Hinsicht benachteiligt sind, aber in hohem Maße über Freizeitressourcen verfügen. Auch die Informiertheit und Nutzung von Angeboten der offenen Jugendarbeit läßt sich z.T. sehr deutlich mit diesen Dimensionen der Ungleichheit in Verbindung bringen. Die Informiertheit über alle Angebote steigt mit zunehmendem sozialen und jugendkulturellem Kapital. Bei der Nutzung von Angeboten ist das unterschiedlich. Programmangebote (Ferienpaß) werden tendenziell eher von privilegierten Jugendlichen genutzt. Angebote mit Treffpunktfunktion (Jugendzentren) nutzen eher Jugendliche mit niedrigem sozialen Kapital und hohem jugendkulturellem Kapital.

Frage 3: Unterscheidet sich die Situation ausländischer Jugendlicher deutlich von der Situation deutscher Jugendlicher?

In Hinblick auf Freizeitressourcen und -interessen gibt es zwischen deutschen und ausländischen Jugendlichen keine deutlichen Unterschiede. Ausländische Jugendliche sind etwas weniger in Cliquen eingebunden. Einen gewissen Ausgleich dafür schaffen aber wohl die Jugendzentren. Der Anteil der ausländischen Besucher ist in den meisten Treffs höher als es dem Bevölkerungsanteil entspricht.

Starke Diskriminierungen lassen sich jedoch beobachten, wenn es um die Verteilung von sozialen Startchancen geht. Zusätzlich zur Berufsposition der Eltern spielt das Merkmal Staatsangehörigkeit eine ganz erhebliche Rolle bei der Festlegung einer Schullaufbahn.

Frage 4: **Unterscheidet sich die Situation von Jugendlichen, die bei Alleinerziehenden aufwachsen, deutlich von der Situation von Jugendlichen, die in einer Mehrelternfamilie leben?**

Es gibt nahezu keinen Bereich, in dem das Merkmal Familiensituation eine bedeutende Rolle spielt. Weder die sozialen Startchancen, noch die Freizeitressourcen von Jugendlichen hängen davon ab, ob sie in einer Ein- oder Zwei-Elternfamilie aufwachsen. Das gilt auch für die Ressourcen "eigenes Zimmer" und "frei verfügbares Taschengeld". Zumindest ist es bei diesen und vielen anderen Merkmalen so, daß die Familiensituation nicht mit zusätzlichen Benachteiligungen verbunden ist. Wenn es Benachteiligungen gibt, dann entstehen diese eher auf indirekte Weise, z.B. derart, daß die Familiensituation von Alleinerziehenden häufiger mit bestimmten Berufspositionen assoziiert ist.

Auch das Freizeitverhalten der Jugendlichen und ihr Interesse, Angebote der offenen Jugendarbeit zu nutzen, werden von der Familiensituation kaum beeinflußt. Eine Ausnahme bildet lediglich der Ferienpaß, der häufiger von Jugendlichen in Anspruch genommen wird, die in einer Familie mit nur einem Elternteil aufwachsen.

Frage 5: **Welche Einsichten ergeben sich im Hinblick auf die räumliche Verteilung von Freizeitchancen und -interessen?**

Das Wohnumfeld wird von zwölf Prozent der Jugendlichen nur negativ beurteilt. Dem stehen aber 24 Prozent Jugendliche gegenüber, die sich ausschließlich positiv über ihr Wohngebiet äußern. Am häufigsten sind ambivalente Beurteilungen verbreitet: neben Kritik wird auch Lob geäußert (43 Prozent). Besonders negativ werden die Stadtgebiete Eutingen, Nordstadt, Oststadt, Innen-/Weststadt eingeschätzt. Die Gründe dafür sind allerdings sehr unterschiedlich. Jugendliche, die in Eutingen wohnen, beklagen sich besonders häufig über fehlende Anregungen und Angebote. Die Gebiete Nordstadt, Oststadt und Innen-/Weststadt werden vor allem wegen der Umwelt- und Verkehrsbelastungen negativ bewertet.

Eine Analyse von Typen der Benachteiligungen und Privilegierung zeigt, daß es Gebiete gibt, die sich deutlich von anderen unterscheiden. In Brötzingen/Arlinger ist der Anteil von sozial benachteiligten aber jugendkulturell privilegierten Jugendlichen relativ hoch. Doppelt benachteiligte Jugendliche - schlechte Startchancen und wenig Freizeitressourcen - wohnen vor allem in der Oststadt und etwas weniger deutlich auch in der Innen-/Weststadt.

3. Was hat sich gegenüber 1979 verändert?

Ein direkter Vergleich mit der 1979 durchgeführten Untersuchung ist nur punktuell möglich. Wo ein solcher Vergleich möglich ist, zeigen sich aber einige recht wichtige Veränderungen:

* Deutlich zugenommen haben die frei verfügbare Zeit und die Freiheiten. An den beiden Wochenendtagen haben die Jugendlichen der Gegenwart jeweils rund eineinhalb bis zwei Stunden mehr freie Zeit. Auch die Einschränkungen durch elterliche Regelungen haben an Bedeutung verloren. Der Anteil der Jugendlichen, der am Wochenende keinen Ausgang hat, ist von 23 Prozent auf 16 Prozent gesunken. Der Anteil der Jugendlichen mit unbegrenztem Ausgang unter der Woche ist von 21 Prozent auf 31 Prozent gestiegen.
* Der Anteil der Vereinsmitglieder ist nahezu konstant geblieben. Es gab aber eine wichtige Umschichtung. Jugendliche sind kaum noch in weltanschaulichen oder politischen Organisationen Mitglied. Die Sportvereine haben deutlich hinzugewonnen. Wir haben das als einen Trend zu einer stärkeren Gebrauchswert- bzw. Dienstleistungsorientierung interpretiert.
* Unerfüllte Freizeitwünsche sind seltener geworden. 1979 haben 47 Prozent der Jugendlichen solche Wünsche berichtet. In unserer Untersuchung sind es nur noch 38 Prozent. Besonders bei den Mädchen hat sich die Diskrepanz zwischen Wünschen und Können stark verringert (von 55 auf 40 Prozent). Geld und Verbote spielen als Gründe für "verhinderte Wünsche" eine deutlich geringere Rolle als 1979. Wichtiger wurde dagegen der Grund "fehlende Angebote".
* Zugenommen hat der Anteil der Jugendlichen, der ein Jugendzentrum zumindest "ab und zu" besucht. 1979 haben 43 Prozent der Jugendlichen gesagt, daß sie "ab und zu" einen Treff besuchen, in unserer Untersuchung sind es 53 Prozent. Das ist ein Ergebnis, das sicher viele, die das Ende der Jugendzentren vorhergesagt haben, einigermaßen überraschen wird.

4. Jugendeinrichtungen und Angebote

Als Trägerin der öffentlichen Jugendhilfe hat die Stadt die Planungsverantwortung für ein bedarfsgerechtes Angebot an Jugendeinrichtungen. Sie hat dabei die "Wünsche, Bedürfnisse und Interessen der jungen Menschen" zu ermitteln und bei ihren Planungen zu berücksichtigen (§ 80 KJHG). Für die Pforzheimer Jugendhilfeplanung sind deshalb sicher die Umfrageergebnisse über die Jugendeinrichtungen, Beratungsangebote und den Ferienpaß besonders interessant.

Über den Bedarf der Jugendlichen nach Angeboten der Jugendarbeit wurde in den 80er Jahren breit diskutiert. Vielfach wurde dabei eine Krise der Jugendarbeit und insbesondere der offenen Angebote konstatiert: "der öffentlichen Jugendpflege käme zunehmend die Jugend abhanden" und das "Konzept der offenen Jugendarbeit" sei "in wesentlichen Teilen am Ende". Es wurde sogar gefragt "wozu noch Jugendarbeit?"[28]. Die quantitativen Ergebnisse unserer Untersuchung sind vor diesem Hintergrund äußerst überraschend. Es sind heute in Pforzheim etwa zehn Prozent mehr Jugendliche als 1979, die zumindest gelegentlich ein Jugendzentrum besuchen. Das rechtfertigt es wohl kaum, von einer generellen "Krise der offenen Jugendarbeit" zu reden.

Wie läßt sich nun diese Diskrepanz erklären? Ist Pforzheim eine Oase traditioneller Jugendarbeit und steht der Rückzug der Jugendlichen vielleicht erst noch aus? Wir glauben dies nicht, sondern vermuten, daß eher die "Krisentheorien" zu relativieren sind. Gerade Jugendliche werden von Gesellschaft und Wissenschaft besonders gerne mit Etiketten versehen und die Generationenbilder unterliegen einer äußerst kurzen Halbwertszeit: die skeptische Generation, die verunsicherte Generation, die Protestgeneration, der narzistische Jugendtypus, die Null-Bock-Generation, die hedonistische Jugend, die gewaltbereite Jugend, Generation X usw. Jugendliche erhalten öffentliche Aufmerksamkeit, wenn eine Krise zu vermuten ist und auch die Jugendarbeit befindet sich folglich immer in derselben.[29]

Die Legitimationszwänge, die sich aus kurzfristigen jugendpolitischen Perspektivsetzungen ergeben, begünstigen solche Krisenszenarien. Finanzielle Mittel

---

[28] Vgl. Giesecke, H.: Wozu noch Jugendarbeit?, Deutsche Jugend 1984, S.443ff. Die kritischen Zitate von Jugendpolitikern entnahmen wir aus: Miehle-Fregin: Offene Jugendarbeit heute und in der Zukunft, in: Fachtagung: Offene Jugendarbeit in Freiburg, Manuskript, Freiburg 1990.

[29] Thole, Werner: Krisen? - Nichts neues in der Jugendarbeit, in: Sozial Extra 3/1988

werden schnell bereit gestellt, wenn Jugendprotest und Gewalt droht oder sich sonstiges auffälliges Verhalten zeigt. Ausgaben für Jugendeinrichtungen als selbstverständliche Infrastrukturmaßnahmen durchzusetzen, fällt da viel schwerer. Letztlich bringen solche Ausgaben (noch) keine Wählerstimmen und auch eine politisch konfliktfähige Jugendlobby ist in aller Regel nicht vorhanden.

Nun räumen wir gerne ein, daß wir im Grunde genommen nur wenig Aussagen über den Alltag Pforzheimer Jugendeinrichtungen machen können. Ziel und Ergebnis unserer Erhebung sind zunächst quantitative Verhältnisse, die mit anderen Erkenntnisquellen in Verbindung gebracht werden müssen. Dennoch lassen sich aus diesen Strukturdaten wichtige Schlüsse ziehen. Mehr als die Hälfte der Pforzheimer Jugendlichen besucht zumindest gelegentlich die Pforzheimer Jugendtreffs. Hieraus möchten wir einige Überlegungen ableiten.

Wenn ein so großer Anteil Jugendlicher die Jugendzentren nutzt, so kann es sich bei ihnen kaum um die "Restjugendlichen, die randständigen und auffälligen Teile, einer sonst weitgehend ruhigen, an Konsum, Mode, Musik und sich selbst interessierten Jugend"[30] handeln. Wir konnten zwar feststellen, daß Jugendliche mit niedrigerem sozialen Kapital häufiger in Jugendzentren anzutreffen sind. Wahrscheinlich ist auch der Anteil Problemjugendlicher in einigen Einrichtungen oder bei bestimmten Besuchergruppen - wie etwa bei den Stammkunden - etwas höher. Auffällige Jugendliche werden das pädagogische Personal stärker beschäftigen als unscheinbare Besucher. Sie werden deshalb sicher auch ein stärker von Problemen geprägtes Bild des jugendlichen Publikums entwickeln. Dieses Bild hat für Teile der jugendlichen Bevölkerung sicherlich seine volle Berechtigung. Die Jugendarbeiterinnen und Jugendarbeiter in den Einrichtungen nehmen seismographisch den gestiegenen sozialen Problemdruck war. Die oft krisenhafte individuelle Verarbeitung von Arbeitslosigkeit, Armut und gestiegener psychosozialer Belastungen wird ihnen in ihrer täglichen Arbeit vor Augen geführt. Jugendzentren sind oft eine wichtige Anlaufstelle und können sicherlich wichtige Hilfen anbieten oder vermitteln.

Wenn über die Funktion von Jugendhäusern diskutiert wird, sollte aber aus zweierlei Gründen diese Aufgabe nicht zu sehr in den Vordergrund gestellt werden. Erstens besteht die Gefahr, daß die Jugendhäuser mit Erwartungen überfrachtet

---

[30] Ferchhoff, Wilfried, Sander, Uwe und Vollbrecht, Ralf: Jugendarbeit ohne Jugendliche? Zum Verhältnis von Medien, Kommerz, Individualisierung und Formen der offenen Jugendarbeit, in: Deutsche Jugend, H.7/8, Jg. 36, 1988, S.317

werden, die sie unmöglich erfüllen können. Diethelm Damm hat u. E. zurecht darauf hingewiesen, daß im offenen Betrieb eines Jugendhauses schwerlich die Probleme einer größeren Anzahl Jugendlicher bearbeitet werden können. Dies mag vielleicht bei einigen wenigen Besuchern bzw. Besucherinnen gelingen. In den meisten Fällen kommt den Jugendzentren aber primär eine "Drehpunktfunktion" zu, die Brücken zu helfenden Initiativen und Institutionen bauen kann.[31]

Zweitens sehen die Jugendlichen ihre Jugendhäuser vor allem als Treffpunkte an. Wenn man sie fragt, wo sie "Hilfe und Beratung bei Problemen" erhalten können, so nennen sie ihre Eltern und Freunde und auch häufig die Beratungsstellen. Jugendzentren werden hingegen sehr selten genannt. Zusammen mit anderen Angeboten der Jugendarbeit (z.B. Gruppen) werden sie als Anlaufstellen gerade einmal von vier Prozent der Jugendlichen erwähnt und liegen damit noch hinter der Schule.

Jugendliche gehen ins Jugendhaus um dort andere Jugendliche zu treffen. Das Jugendhaus ist für sie ein "Treffpunkt", ein "Freiraum, in dem sie gemeinsam etwas unternehmen können" und "andere Leute kennenlernen". Etwa ein Drittel der Pforzheimer Jugendlichen schätzt besonders diese Begegnungsmöglichkeit der Jugendhäuser. Alles weitere ist zunächst nachrangig: das Programm, die Organisation und die Aufmachung. Keiner erwähnt die "pädagogische Konzeption" und nur wenige das pädagogische Personal als positive Merkmale der Jugendhäuser. Sicher spielen auch diese nichtgenannten Bereiche eine wichtige Rolle für die Attraktivität eines Hauses. Wenn das Programm und die Einrichtung eintönig ist oder das pädagogische Team nicht mit den Jugendlichen umgehen kann, wird sich eine Einrichtung sicher schnell leeren. Dennoch nehmen Jugendliche die Jugendhäuser hauptsächlich als Räume mit Treffpunktfunktion wahr.

Die Jugendhäuser waren immer schon als Jugendtreffpunkte gedacht. Wahrscheinlich hat diese Aufgabe aber in den vergangenen Jahren eher noch an Bedeutung für die Jugendlichen gewonnen, während andere Funktionen in den Hintergrund getreten sind. Dies betrifft etwa - wie übrigens auch in anderen Bereichen der Jugendarbeit - den Stellenwert gesellschaftspolitischer oder weltanschaulicher Zielsetzungen. Gerade die freien Träger haben ihre Wurzeln in traditionellen moralischen Milieus, die sich zunehmend in Auflösung befinden. Dieser "Bedeutungswandel des Jugendhauses" wird sicherlich gerade denjenigen Pädagoginnen und Pädagogen besonders schwerfallen, die in ihrer eigenen Jugendzeit die Jugend-

---

[31] Damm, Diethelm, Thesen zu Chancen und Problemen offener Jugendarbeit heute, in: Deutsche Jugend, H.10, Jg.36, 1988, S. 435.

zentren als "Fluchtpunkt vor dem Elternhaus" und "erkämpften Jugendraum"[32] mit gegenkultureller Ausrichtung besucht haben.

Jugendhäuser sind heute wichtige Orte, an denen sich Jugendliche treffen können und ihre Freizeit verbringen. Sie teilen sich diese Aufgabe mit den "öffentlichen Räumen" wie etwa Straßen, Bolzplätzen und Wiesen sowie den kommerziellen Einrichtungen. Ob eine Stadt für Jugendliche attraktive Freizeitmöglichkeiten hat, hängt davon ab, in welchem Umfang und in welcher Qualität diese drei Bereiche zur Verfügung stehen. Wir vermuten, daß sich diese Bereiche ergänzen und sie nur begrenzt gegenseitig substituierbar sind. Unbestritten räumen die Jugendlichen den kommerziellen Angeboten den höchsten Erlebniswert ein: wenn sie "etwas Interessantes erleben wollen", dann gehen sie in die Disco, das Kino oder in die Eishalle. Aber spricht das wirklich gegen die Qualität und Notwendigkeit der Jugendhäuser? Sind sie nicht ein alltägliches, aber gerade deshalb wichtiges Angebot für die Freizeitgestaltung junger Menschen? Wir halten den Gegensatz von bürokratisierten Jugendzentren und "kommerziellen, professionell aufgezogenen Freizeitangeboten"[33] für konstruiert und überzogen. Kino, Discos und Kneipen machen einen Jugendtreff wohl kaum überflüssig. Davon abgesehen, daß es sich ohnehin um kaum vergleichbare Angebote handelt, bestehen weitere Grenzen der gegenseitigen Ersetzbarkeit. Wie wir feststellen mußten, ist der finanzielle Spielraum der Jugendlichen keineswegs so weit gesteckt, daß sie sich ein beliebiges Freizeitangebot einkaufen können. Weiterhin bestehen durch das Jugendschutzgesetz Altersgrenzen, die gerade die zwölf bis unter sechzehn Jahre alten Jugendlichen von etlichen kommerziellen Treffpunkten ausschließen. Stehen ihnen dann keine Jugendräume zur Verfügung, so werden sie zu "Lücke-Kindern", denen letzlich noch die Straße und andere öffentliche Räume als Treffpunkt bleiben.[34]

Die Jugendhäuser sollten ihre Treffpunktfunktion selbstbewußt vertreten. Für die pädagogischen Mitarbeiter und Mitarbeiterinnen ist es folglich wichtig, die raumbezogenen Interessen der Jugendlichen anzuerkennen. Es ist weder die "soziale Brennpunktarbeit" noch der "Wettbewerb mit kommerziellen Angeboten", die in den Augen der Jugendlichen ein Jugendhaus notwendig machen. Auch Politiker

---

[32] Dieser Bedeutungswandel ist ausführlich dargestellt in: Böhnisch,L., Münchmeier R., Pädagogik des Jugendraums. Zur Begründung und Praxis einer sozialräumlichen Jugendpädagogik, Weinheim und München 1990, S. 117 ff.

[33] Ferchhoff, W; Sander, U. und Vollbrecht, R; Jugendarbeit ohne Jugendliche..., a.a.O., S. 314

[34] Vgl. Friedrich, Peter u.a., Die "Lücke-Kinder": zur Freizeitsituation von 9- bis 14jährigen, Weinheim 1989

sollten sich davon überzeugen lassen, daß Räume für Jugendliche ein unverzichtbarer Bestandteil der städtischen Infrastruktur sein sollten.

Wir wissen, daß ein großer Anteil der Pforzheimer Jugendlichen die Jugendzentren zumindest gelegentlich nutzt und im Prinzip auch mit der Art des Angebotes zufrieden ist. Schließlich haben wir nicht nur die Nutzer und Nutzerinnen, sondern alle Jugendlichen gefragt, ob es etwas gibt, was sie an den Jugendzentren stört. Die Kritik blieb deutlich hinter dem Lob zurück und zielte fast nie in grundsätzlicher Weise gegen das Angebot. Über diese allgemeinen Einschätzungen hinaus können wir nicht sehr viel mehr zu den Wünschen, Erfahrungen und Einstellungen der Jugendlichen in Hinsicht auf die Jugendzentren sagen. Sicher wäre es sehr spannend, vertiefende Informationen zu erfragen. Im Rahmen unserer Themenstellung war dies leider nicht möglich.

Wir vermuten, daß der Alltag in den Pforzheimer Jugendhäusern sehr unterschiedlich ist. An der von uns festgestellten Besucherstruktur läßt sich erkennen, daß es das "typische Jugendzentrum" nicht gibt. Die Einrichtungen unterscheiden sich teilweise erheblich bezüglich Alter, Geschlecht, Nationalität und Bildungsstatus ihrer Besucher. Welche Besucherzusammensetzung ein Jugendzentrum hat, hängt von der Sozialstruktur des Stadtteils sowie von Programm und Stil der Einrichtung ab. Wahrscheinlich sind diese Faktoren auch wechselseitig verknüpft. Interessant ist der unterschiedliche Besucheranteil der Mädchen, der im Gegensatz etwa zur Nationalität und zum Sozialstatus kaum auf stadtteilspezifische Besonderheiten zurückgeführt werden kann.

Es ist erstaunlich, daß sich trotz verstärkter mädchenpädagogischer Anstrengungen die Schere zwischen männlichen und weiblichen Jugendzentrumsbesuchern weiter geöffnet hat. Während sich der Unterschied in den letzten 15 Jahren von fünf auf 17 Prozent ungefähr verdreifacht hat, ist es dennoch etlichen Jugendtreffs gelungen, ein ausgeglichenes Gechlechterverhältnis zu verwirklichen. Vermutlich ist dies ein Resultat gezielter geschlechtsspezifischer Angebote der einzelnen Einrichtungen.

Die geschlechtsspezifischen Angebote sind bei 16 Prozent der Jugendlichen bekannt und etwa ein Viertel wünscht sich mehr von ihnen. Daß drei Viertel der Pforzheimer Jugendlichen solche Angebote weder kennt noch nutzt oder sich gar mehr davon wünscht, spricht nicht unbedingt gegen sie. Vergleicht man diesen Anteil mit Freizeitbeschäftigungen die Jugendliche "gerne mehr" tun würden, so schneiden die geschlechtsspezifischen Angebote sogar recht gut ab. Gerade mädchenspezifische Angebote sind zudem keinesfalls allgemein etabliert und in vielen Einrichtungen wird nach langen Jahren der Koedukation zum Teil Neuland betreten. Unsere Ergebnisse belegen deutlich, daß es gerade bei den geschlechtsspezifischen Angeboten schichtspezifische Informationsdefizite gibt. Jugendlichen mit geringem sozialem Kapital sind solche Angebote am wenigsten bekannt, sie geben aber am häufigsten an, daß es so etwas "mehr geben sollte". Auch wäre die Zustimmung zu solchen Angeboten mit anderen Untersuchungen in Relation zu setzen, die zu einer noch geringeren Nachfrage kommen.[35]

Das soziale Kapital der Jugendlichen - Schulbildung, Nationalität und die Berufsposition der Eltern - hat einen erheblichen Einfluß auf die Bekanntheit und damit den möglichen Zugang zu Einrichtungen. Dies betrifft neben den geschlechtsspezifischen Angeboten in starkem Maß die Beratungsstellen und das örtliche Ferienprogramm. Es sind gerade die eher benachteiligten Jugendlichen, die über weniger Informationen verfügen ("Matthäus-Effekt"). Da die Jugendhilfeangebote in ihrer Zielsetzung auf den Abbau von Benachteiligungen angelegt sind, sollte intensiv darüber nachgedacht werden, wie gerade die Jugendlichen mit wenig sozialem Kapital besser erreicht werden können.

---

[35] Vgl. Bauer, W., Randgruppe Mädchen, in Deutsche Jugend, 5/1986, S. 214-218. Demnach stimmen lediglich 16,5% der Mädchen einem geschlechtsspezifischen Angebot zu, während es von 59,6% sogar abgelehnt wird.

Literaturverzeichnis

Allerbeck, K., Hoag, W.: Jugend ohne Zukunft? Einstellungen, Umwelt, Lebensperspektiven, München 1985

Baacke, D., Ferchhoff, W.: Jugend und Kultur, in: H.-H. Krüger (Hg.), Handbuch der Jugendforschung, Opladen 1993, S.403-446

Bauer, W.: Randgruppe Mädchen, in: Deutsche Jugend, H.5, 1986, S. 214-218

Beck, U. : Jenseits von Klasse und Stand, in: U.Beck, E.Beck-Gernsheim (Hg.), Riskante Freiheiten, Frankfurt 1994, S. 43-60

Becker, H., Eigenbrodt, J., May, M.: Pfadfinderheim, Teestube, Straßenleben, Frankfurt 1984

Bengtson, A.: Ein Platz für Kinder, Wiesbaden/Berlin 1971

Blinkert, B.: Aktionsräume von Kindern in der Stadt. Eine Untersuchung im Auftrag der Stadt Freiburg (Freiburger Kinderstudie), Pfaffenweiler 1993

Blinkert, B.: Methodische Realitätskonstruktionen oder soziale Wirklichkeiten, in: Soziale Welt 1978, S. 358-372

Blücher, V.: Jugend, Bildung und Freizeit, Bielefeld 1966

Böhnisch, L., Münchmeier, R.: Pädagogik des Jugendraums. Zur Begründung und Praxis einer sozialräumlichen Jugendpädagogik, Weinheim und München 1990

Bourdieu, P.: Die feinen Unterschiede, Kritik der gesellschaftlichen Urteilskraft, Frankfurt 1989

Bundesarbeitsgemeinschaft Jugendsozialarbeit (Hrsg.): § 9 Abs. 3 KJHG. Rechtsverbindlichkeit und Handlungsanforderungen an die Jugendsozialarbeit, o. Verlag, Bonn 1993

Bundestagsdrucksache 10/1007 vom 15.02.1984. Expertisen zum 6. Jugendbericht in der Reihe Alltag und Biographie von Mädchen, Opladen 1984

Damm, D.: Thesen zu Chancen und Problemen offener Jugendarbeit heute, in: Deutsche Jugend, H.10, Jg.36, 1988

Deleeck, H.: Der Matthäuseffekt: Die ungleiche Verteilung der öffentlichen Sozialausgaben, in: Sozialer Fortschritt 33.Jg. H.8, 1984

Eisenstadt, S. E.: Von Generation zu Generation, München 1966

Faltermeier, M.: Nachdenken über Jugendarbeit, München 1983

Ferchhoff, W., Sander, U., Vollbrecht, R.: Jugendarbeit ohne Jugendliche? Zum Verhältnis von Medien, Kommerz, Individualisierung und Formen der offenen Jugendarbeit, in: Deutsche Jugend, H.7/8, Jg. 36, 1988

Friedrich, P. u.a.: Die "Lücke-Kinder": zur Freizeitsituation von 9- bis 14jährigen, Weinheim 1989

Fuchs, W.: Jugendliche Statuspassagen oder individualisierte Jugendbiographie, in: Soziale Welt 34, 1983, S. 341-371

Gaiser, W., Müller, H.-U.: Erosion der "Normalbiographie" und Muster der Lebensbewältigung von jungen Erwachsenen in der Großstadt, in: Schweiz. Zeitschr. f. Soziologie 15, 1989, S. 15-37

Giesecke, H.: Wozu noch Jugendarbeit?, in: Deutsche Jugend H.10, 1984, S.443-449

Hurrelmann, K., Rosewitz, B., Wolf, H.: Lebensphase Jugend, Weinheim 1985

Kommunaler Jugendhilfeplan, Materialband A, Untersuchung zur Situation Jugendlicher in Pforzheim, hektograph. Man., Pforzheim 1980

Krause, H.J., Ohrt, T., v.Seggeren, H.: Kinder in der Stadt, Teil II, Hamburg 1977 (hekt.Man.)

Krüger, H.-H., Thole, W. Jugend, Freizeit und Medien, in: H.H.Krüger (Hg.), Handbuch der Jugendforschung, Opladen 1993, S. 447-472

Lüdtke, H.: Zwei Jugendkulturen? Freizeitmuster in Ost und West, in: Jugend '92, Lebenslagen, Orientierungen und Entwicklungsperspektiven im vereinten Deutschland, Bd. 2, Jugendwerk der Deutschen Shell (Hg.), Opladen 1992

Miehle-Fregin, W.: Offene Jugendarbeit heute und in der Zukunft, in: Fachtagung: Offene Jugendarbeit in Freiburg, Manuskript, Freiburg 1990

Olk, T.: Gesellschaftstheoretische Ansätze in der Jugendforschung,in: H.H.Krüger (Hg.): Handbuch der Jugendforschung, Opladen 1992

Olk, T.: Jugend und Gesellschaft. Entwurf für einen Perspektivenwechsel in der sozialwissenschaftlichen Jugendforschung, in: W. Heitmeyer (Hg.), Interdisziplinäre Jugendforschung, Weinheim/München 1986

Oswald, H.: Beziehungen zu Gleichaltrigen, in: Jugend '92. Lebenslagen, Orientierungen und Entwicklungsperspektiven im vereinten Deutschland, Herausgeben vom Jugendwerk der Deutschen Shell, Bd. 2, S. 319-331, Opladen 1992

Preuss-Lausitz, U.: Vom gepanzerten zum sinnstiftenden Körper, in: U. Preuss-Lausitz u.a. (Hg.), Kriegskinder, Konsumkinder, Krisenkinder, Weinheim/Basel 1989, S. 89-106

Sachverständigenkommission Sechster Jugendbericht (Hrsg.): Alltag und Biographie von Mädchen, Opladen 1984

Schelsky, H.: Die skeptische Generation, Düsseldorf 1957

Thole, W.: Krisen? - Nichts neues in der Jugendarbeit, in: Sozial Extra H.3, 1988

Hurrelmann, K., Neubauer, G.: Sozialisationstheoretische Subjektmodelle in der Jugendforschung, in: W. Heitmeyer (Hg.), Interdisziplinäre Jugendforschung, Weinheim/München 1986

Tippelt, R.: Methoden und Ergebnisse der quantitativ orientierten Jugendforschung, in: H.-H. Krüger (Hg.), Handbuch der Jugendforschung, Opladen 1993, S.225-248

Trotha, T. v.: Zur Entstehung von Jugend. In: Kölner Zeitschr. f. Soziologie u. Sozialpsychologie, 34, 1982, S. 254-277

Tully, C.J., Wahler, P.: Jugend und Ausbildung - von der Statuspassage zur Übergangsbiographie mit "open end", in: Schweiz. Zeitschr. f. Soziologie 11, 1985, S. 191-213

Zinnecker, J.: Jugend im Raum gesellschaftlicher Klassen, in: W. Heitmeyer (Hg.), Interdisziplinäre Jugendforschung, Weinheim/München 1986, S. 99-132

Information

Das Freiburger Institut für angewandte Sozialwissenschaft (FIFAS) e.V., wurde 1983 als gemeinnütziger Verein gegründet. Der Arbeitsschwerpunkt des Instituts ist die praxisnahe empirische Sozialforschung auf den Gebieten der Stadt-, Verkehrs- und Sozialplanung und der Wohnungswirtschaft.

Arbeiten zur Stadtforschung und Sozialplanung:

1994 Mietspiegel für die Stadt Freiburg nach der Tabelle- und Regressionsmethode

1993 Aktionsräume von Kindern in der Stadt. Eine Untersuchung im Auftrag der Stadt Freiburg

1992 Soziologische Grundlagen für die städtebauliche Konzeption des neuen Freiburger Stadtteils "Rieselfeld"

1991 Ältere Menschen in Backnang. Bedarf nach altengerechten Angeboten, Bekanntheit und Nutzung von Angeboten der offenen Altenhilfe

1990 Ältere Menschen in Freiburg. Lebenssituation älterer Menschen, Bekanntheitsgrad und Nutzung von Angeboten der offenen Altenhilfe

1988 "Familienanalytische Studie". Eine Untersuchung über die zunehmende Belastung des Stadtgebiets von Freiburg mit sozialen Problemen

Gerne stellen wir Ihnen eine ausführliche Liste unserer Publikationen und Forschungsarbeiten zur Verfügung. Wenn Sie Interesse an unserer Arbeit haben, wenden Sie sich an:

Freiburger Institut für angewandte
Sozialwissenschaft e.V.
Wannerstr. 33
79106 Freiburg

Tel.: 0761/288364
Fax.: 0761/2033493

MIX
Papier aus verantwortungsvollen Quellen
Paper from responsible sources
FSC® C105338

If you have any concerns about our products,
you can contact us on
ProductSafety@springernature.com

In case Publisher is established outside the EU,
the EU authorized representative is:
**Springer Nature Customer Service Center GmbH
Europaplatz 3, 69115 Heidelberg, Germany**

Printed by Libri Plureos GmbH
in Hamburg, Germany